INHALT

1 EINLEITUNG – „DICHTUNG IST REVOLUTION" 4

2 MÜNCHEN UM 1910 8
„Die Luft einer neuen Zeit" – Bohème und Arbeiterbewegung 8
„Kreise des deutschen Vaterlands" – Nationalistische und völkische Strömungen 13
„Der Kampf hat begonnen" – Januarstreik 1918 18

3 REVOLUTIONÄRE SCHRIFTSTELLER FÜR DEMOKRATIE UND MENSCHLICHKEIT 22
Kurt Eisner – Pazifist und Revolutionär 22
Gustav Landauer – Mahner für Gewaltlosigkeit 39
Erich Mühsam – Anarchist, der Einigkeit fordert 57
Ernst Toller – Armeeführer, der nicht schießen will 78

4 VON DER REVOLUTION ZUR REAKTION 88
„Ein Bluttümpel" – Niederschlagung der Räterepublik 88
„Wie nichtswürdig die ganze Hetze ist ..." – Propaganda der Gegenrevolution ... 97
„Verantwortlich fühle ich mich vor dem Volke" – Revolutionäre vor dem Standgericht 103
„Die Dichtkunst ist nichts als eine meiner Waffen im Kampf" – Schreiben für Demokratie und Menschlichkeit 107

5 ANHANG 118
Anmerkungen 118
Zeittafel 124
Bildnachweis 126
Zitatnachweis 127
Dank 128

1 EINLEITUNG – „DICHTUNG IST REVOLUTION"

Die Konsequenz der Dichtung ist Revolution, die Revolution, die Aufbau und Regeneration ist, – wer das nicht weiß, dem haben die Dichter nie wirklich gelebt.
Gustav Landauer, Ein Weg deutschen Geistes, 1916

Dieses Buch und die gleichnamige Ausstellung „Dichtung ist Revolution" fragen nach dem Verhältnis von Literatur und Politik und widmen sich der Rolle vierer ausgewählter Schriftsteller in den politischen Umwälzungen der Revolutions- und Rätezeit in München. Mit Kurt Eisner, Gustav Landauer, Erich Mühsam und Ernst Toller werden diejenigen Schriftsteller in den Blick genommen, die zu wichtigen politischen Akteuren werden. Anders als zahlreiche andere Schriftsteller, die über diese Zeit in München geschrieben haben oder sogar an den Ereignissen beteiligt waren, wie etwa Oskar Maria Graf, Lion Feuchtwanger oder Rainer Maria Rilke, nehmen diese vier in den Jahren 1918 und 1919 politische Ämter ein. Untersucht wird, inwieweit in ihrem Selbstverständnis in dieser Zeit das Schriftstellerische hinter das Politische zurücktritt.

Dem dichterischen Wort, wie der Kunst und Bildung allgemein, messen sie eine große Kraft für den gesellschaftlichen Wandel bei. Die vier Schriftsteller sind dabei nicht als homogene Gruppe zu sehen; sie teilen zwar eine grundsätzlich sozialistische Position, in deren Ausdifferenzierung und in der Frage nach dem Weg zur Umsetzung ihrer humanistischen Ziele sind sie jedoch nicht immer einig. Phasen der Zusammenarbeit wechseln sich mit Auseinandersetzungen ab. Anders als in ihrem Selbstverständnis werden sie aus der Perspektive der reaktionären und revolutionsfeindlichen Kräfte nicht als Politiker wahrgenommen, sondern auf das Schriftstellerische reduziert. Als „Träumern" und „Phantasten" spricht man ihnen so die politische Entscheidungsfähigkeit ab. Für ihre gegenrevolutionären Widersacher sind die vier Schriftsteller schnell auf einen Nenner gebracht: „jüdische Literaten", „landfremde Elemente", „politische Hochstapler" und „bolschewistische Agitatoren", die es aufzuhalten gilt.

Die jüdische Herkunft Eisners, Landauers, Mühsams und Tollers wird von der Gegenrevolution für antisemitische Hetze instrumentalisiert. In deren Propaganda wird das Feindbild der „jüdischen Literaten" geschaffen, die man stark vereinfacht als Hauptakteure von Revolution und Rätezeit darstellen möchte, um so in der Gesellschaft vorhandene antisemitische Vorurteile zu befeuern. Tatsächlich sind die an der Revolution beteiligten Schriftsteller nur eine kleine Teilgruppe derer, die 1918 in München den Umsturz der alten Regierungsform, der Monarchie, vorantreiben.

Zum Ende des Ersten Weltkriegs ist die Not in weiten Teilen der Münchner Bevölkerung groß. Der drängende Wunsch nach einer neuen Gesellschaftsordnung und dem Ende des Krieges führt zu einer starken Handlungsbereitschaft in der ganzen Bevölkerung. Die zunehmende Kritik am Krieg treibt die Spaltung innerhalb der Sozialdemokratie voran, Kriegsgegner gründen 1917 die USPD. 1918 kommen also Menschen unterschiedlichster politischer Richtungen für das gemeinsame Ziel des Friedens zusammen: Soldaten, Arbeiter und Arbeiterinnen sowie intellektuelle Kriegsgegner und Kriegsgegnerinnen. Sie alle sind es, die im November 1918 hinter Kurt Eisner stehen, als er in München das Ende der Monarchie erklärt und den „Freistaat Bayern" ausruft. Zu den Errungenschaften der unblutigen Revolution zählen die Demokratie, das Frauenwahlrecht, die Trennung von Staat und Kirche oder der Achtstundentag.

Nimmt man bei den vier hier behandelten Autoren das Verhältnis von Literatur und Politik in den Blick, so sind Revolution und Rätezeit die Phasen in ihrem Leben, in denen ihre politischen Entwürfe am stärksten in tatsächliches Handeln umgesetzt werden können. Schon vor dem Ersten Weltkrieg wiederum existieren in den Texten der Schriftsteller pazifistische, sozialistische und anarchistische Neuerungsgedanken. Inwiefern werden jetzt Konzepte verwirklicht, die sich schon vor der Revolution in den Texten finden? Wie wirkt der kurze Moment der tatsächlichen politischen Handlungsfähigkeit sich auf das Schreiben aus? Entsteht Literatur im betreffenden Moment als direkt politisches Handlungsinstrument? Wie wird das eigene politische Handeln in der Literatur reflektiert und verarbeitet?

Besonders im Hinblick auf die Frage nach der Rolle des literarischen und politischen Diskurses im Selbstverständnis der Schriftsteller gilt es, deren weitreichende Bereitschaft, für ihre politischen Ideen einzustehen, zu beachten. Alle vier Autoren sind, gemeinsam oder zu unterschiedlichen Zeitpunkten, wegen ihrer politischen Überzeugungen in Haft. In Phasen, in denen die politischen Kämpfe am drängendsten wären, werden die Autoren durch die Staatsgewalt in der Haft isoliert und sind so auf sich selbst zurückgeworfen. Zum einen scheint es logisch, den politischen Kampf mit dem geschriebenen Wort fortzusetzen, zum anderen bringt die Einsamkeit des Gefängnisses – teils unter verheerenden Haftbedingungen – den Rückzugsraum für literarisches Schreiben mit sich. Daher gilt es die Rolle der politischen Haft für den literarischen Schaffensprozess zu hinterfragen. Für Mühsam und Toller zeigt die Festungshaft nach der Niederschlagung der Räterepublik 1919 einen besonderen Wendepunkt, der kurze Moment der tatsächlichen politischen Handlungsfähigkeit wird vollständig umgekehrt. Die revolutionären Verhältnisse werden abgelöst von einer Phase der Reaktion. Schlüsselpositionen der gegen die Revolutionäre agierenden Polizei und Justiz sind nun von den Kräften der Gegenrevolution besetzt. Durch die Bedingungen der Festungshaft wirkt sich diese Machtstruktur wiederum direkt auf den Schreibprozess der Autoren aus.

Ausgehend von den literarischen Nachlässen der Autoren, von ihren Manuskripten, Briefen, Fotografien und Dokumenten sollen Schlaglichter auf ihre Biographien, ihr Werk und ihr politisches Handeln geworfen werden.

Von besonderer Relevanz für die Auseinandersetzung mit den Ereignissen der Jahre 1918/19 ist – gerade unter dem Gesichtspunkt der Beteiligung der Schriftsteller – ihre publizistische Seite. Welche Medien begleiten die Revolution und wie werden diese in ihrer Wirkkraft von den Schriftstellern verstanden? Einen ganz eigenen Zugang liefert die im Bereich der Sondersammlungen in der Monacensia erhaltene Flugblattsammlung; zahlreiche Stücke daraus sind im Folgenden abgedruckt. In der Revolutions- und Rätezeit nimmt dieses Medium eine zentrale Stellung als schnelle und leicht zu verbreitende Informati-

1 EINLEITUNG – „DICHTUNG IST REVOLUTION"

Litfaßsäule mit der Proklamation der 1. Räterepublik, 7. April 1919 (Foto: Heinrich Hoffmann)

onsquelle ein. Die Flugblätter werden auf der Straße verteilt, untereinander weitergegeben, mit Flugzeugen abgeworfen und an die Hauswände und Litfaßsäulen gekleistert. Eine Beschreibung des konservativen Revolutionsgegners Josef Hofmiller von Ende November 1918 zeigt die Schwierigkeit, sich durch die angeklebten Plakate und Flugblätter zu informieren:

„Die Buntscheckigkeit des Straßenbildes steht in grellem Gegensatz zur grauen Stimmung, Plakate über Plakate, in allen Farben, besonders viel rot. […] Angeklebt wird überall, an den unwahrscheinlichsten Stellen; besonders gern an öffentlichen Denkmälern an den Sockeln; […]. An der Feldherrnhalle kleine Handzettel angeklebt gegen Eisner, gegen die Juden. An der Residenz besonders groß die knallroten Plakate! […] Kein Mensch kennt sich aus, da viele kein Datum tragen. Viele hängen in Fetzen, andere sind mit Bleistift durchstrichen und mit Glossen versehen."[1]

Aus Hofmillers konservativer Perspektive versinnbildlichen die Flugblätter auch die fehlende Ordnung in der Stadt, er nimmt die Informationsflut als Störung des gewohnten, „alten" Stadtbildes wahr. Deutlich wird in der Darstellung auch die Vielstimmigkeit, unterschiedlichste Positionen bringen sich in die öffentliche Meinungsbildung ein und die Unterscheidung, welche der Flugblätter glaubwürdigen Inhalt bieten, ist in einer Zeit des schnellen politischen Wechsels nicht leicht. Auch der Romanist Victor Klemperer, der als Journalist für die *Leipziger Neuesten Nachrichten* die Münchner Ereignisse beobachtet, beschreibt den Informationshunger der Bevölkerung:

> „Aber nicht die Fülle der Zeitungen, Flugblätter und Plakate an sich war das Wesentliche, sondern daß all diese Literatur ein lebhaftes Publikum fand. Überall an den Säulen und Mauern und Zeitungsständen oder mitten auf dem Fahrdamm um einen Ausrufer bildeten sich traubenförmige Gruppen, in der Mitte wurde diskutiert, vom Rand her reckten sich Köpfe dem Zentrum zu."[2]

Das Flugblatt wird gleichermaßen von allen politischen Richtungen genutzt. Die neuesten Regierungserlasse kleben an den Litfaßsäulen oder liegen in den Wirtschaften aus. Auch die Propaganda der Gegenrevolution arbeitet mit Flugblättern, die oft über München abgeworfen werden, wie Oskar Maria Graf beschreibt:

> „Flieger kamen wieder durch die Luft. Es regnete Kundgebungen der Regierung Hoffmann. Wieder war darin von gewissenlosen Hetzern, von eigennützigen Agitatoren und landfremden Phantasten die Rede."[3]

Auf den Flugblättern der Gegenrevolution lassen sich die antisemitische Hetze gegen die Schriftsteller und die Anwerbung von Soldaten für die Niederschlagung der Räterepublik nachverfolgen. Zahlreiche der erhaltenen revolutionären Flugblätter sind von Schriftstellern verfasst. Autoren wie Toller überschreiten auch die Mediengrenzen. In einer Bemerkung zu seinem Drama *Die Wandlung*, die er 1919 im Festungsgefängnis Eichstätt verfasst, unterstreicht er dessen Parallelen zu einem Flugblatt:[4]

> „Wenn politisches Flugblatt Wegweiser, geboren aus Not der äußeren Wirklichkeit, Gewissensnot, Fülle der inneren Kraft bedeutet, so mag ‚Die Wandlung' getrost als ‚Flugblatt' gelten.
>
> *1917 war das Drama für mich Flugblatt.* Ich las Szenen daraus vor im Kreis junger Menschen in Heidelberg und wollte sie *aufwühlen* (‚aufhetzen' gegen den Krieg!) […]."[5]

Auch wenn die hier angesprochenen Flugblätter mit direkt übernommen Szenen aus *Die Wandlung* nicht überliefert sind, so liegt die Vermutung nahe, dass Toller, der 1918 wegen des Verfassens und Verteilens von Flugblättern verurteilt wurde, hier andere vorhandene Flugblätter anspricht, die „in der Argumentationsweise und im stilistischen Duktus"[6] durchaus Ähnlichkeiten zu seinem Drama aufweisen. Zieht man für den Vergleich der beiden Textformen bei Toller eine medientheoretische Bestimmung des Flugblattes hinzu, so fällt auf, dass die von ihm angesprochenen Texte eine der zentralen Bestimmungen des Flugblattes erfüllen, denn „[s]eit dem Ende des Ende des 19. Jhs. ist das Flugblatt ein häufig eingesetztes Medium im gewerkschaftlichen Kampf […]" und dient, oft im Widerstand hergestellt, als „Protestmittel".[7]

Eine Aussage über die historischen Umbrüche und den Rechtsruck, der in München mit der Gegenrevolution einsetzt, lässt sich auch an der Überlieferungslage des Materials zu den Autoren treffen. Zu keinem der vier Protagonisten gibt es einen vollständigen, in nur einem Archiv versammelten Nachlass. Gegenständliches aus deren Besitz ist kaum erhalten und die schriftlichen Hinterlassenschaften weisen zahlreiche Lücken auf. Eisner und Landauer werden in den politischen Wirren des Jahres 1919 ermordet, Mühsam und Toller werden in den 1930er-Jahren zu Opfern des NS-Regimes. Entsprechend verworrene Wege nehmen ihrer aller Nachlässe.

2 MÜNCHEN UM 1900

„DIE LUFT EINER NEUEN ZEIT" – BOHÈME UND ARBEITERBEWEGUNG

In der Prinzregentenzeit (1886–1912) ist München eine führende Kunst- und Kulturstadt. Fortschrittliche und freiheitsliebende Künstler und Intellektuelle kritisieren verkrustete bürgerliche Wertvorstellungen und materielles Profitstreben: Frank Wedekind verfasst Theaterstücke gegen die bürgerliche Scheinmoral, Franziska Gräfin zu Reventlow schreibt von der individuellen Freiheit, Erich Mühsam dichtet gegen den Militarismus.

Die unter dem Begriff der Bohème zu fassenden Künstler sind Angehörige einer künstlerischen Subkultur, die sich nach einer Definition von Alexis Joachimides durch die Absicht auszeichnen, „mit Hilfe des Verstoßes gegen die gesellschaftlichen Normen zu provozieren, die eigene Lebensführung also in einen Ort ‚symbolischer Aggression' zu verwandeln."[1] Eine Unterscheidung ist hier zu treffen zwischen den Künstlern, bei denen die Provokation einzig in der Lebensführung liegt, und denen, die auch in ihren Werken die Provokation fortsetzen.

Diese Definition ergänzt eine „individualistische Note schrankenloser Selbstverwirklichung"[2], die aber, wie das Bespiel Mühsams zeigt, auch einen politischen Aspekt beinhaltet. In seiner rückblickend über die Zeit in München um 1910 geschriebenen Einordnung betont Mühsam den „Freiheitsdrang, der den Mut findet, gesellschaftliche Bindung zu durchbrechen, und sich die Lebensformen zu schaffen, die der eigenen inneren Entwicklung die geringsten Widerstände entgegensetzen".[3] Dies wird oft mit Formen der Selbststilisierung – auch in Richtung des in München ebenfalls verbreiteten Dandyismus – in Verbindung gebracht, kann jedoch viel stärker politisch gelesen werden. Im Sinne Landauers ist hier die eigene innere Entwicklung als eine Stufe auf dem Weg zur gesamtgesellschaftlichen Erneuerung hin zu einem herrschaftsfreien Gemeinschaftsleben angesprochen. Die Bohème-Definition wird nicht zuletzt im Hinblick auf ihren gesellschaftsrevolutionären Ansatz relevant.

Enge Verflechtungen bestehen somit auch zwischen der Literatur der Bohème und dem Anarchismus, wie bereits Walter Fähnders aufzeigt.[4] Mühsam betont eine Einheit von Anarchismus und Bohème; der „Haß gegen alle zentralistischen Organisationen, der dem Anarchismus zugrunde liegt", zählt wie seine „antipolitische Tendenz" und das „anarchistische Prinzip der sozialen Selbsthilfe" auch zu den „wesentliche[n] Eigenschaften der Bohèmenaturen."[5]

> *Es war recht lustig und wir gingen dann alle ins Café Odeon. Ich weiß nicht, wie es kam: plötzlich hielt ich einen aufgeregten Vortrag über anarchistische Dinge.*
> Erich Mühsam im Tagebuch, 23. Januar 1912

Bohème und Arbeiterbewegung

Franziska Gräfin zu Reventlow (1871–1918)

Emmy Hennings (1885–1948)

Einen festen Platz in der Künstlerbohème haben Frauen, die ein selbstbestimmtes Leben führen, freie Liebe propagieren und eigenes Geld verdienen. Franziska Gräfin zu Reventlow bricht mit ihrem adeligen Elternhaus, um frei von Konventionen zu sein. Sie zieht ihren Sohn ohne Vater groß und lebt mit Freunden in einer Wohngemeinschaft. Mit Gelegenheitsjobs und Übersetzen verdient sie das nötigste Geld. Der Bohème setzt sie später ein Denkmal mit ihrem Roman *Herrn Dames Aufzeichnungen. Oder Begebenheiten aus einem merkwürdigen Stadtteil*, der aus der Perspektive des unbekannten Herrn Dame ihre autobiographischen Erinnerung reflektiert. Zentral ist für sie auch die sexuelle Freiheit. Obwohl sie Forderungen nach Gleichberechtigung aus der bürgerlichen Frauenbewegung, etwa in der Schulbildung, teilt, findet sie mit dieser sonst kaum Übereinstimmungen. Sie kritisiert deren christliche Moralvorstellungen und ein Bestreben, Frauen zu vermännlichen. Selbst fordert sie ökonomische Unabhängigkeit und sexuelle Emanzipation.[6]

Auch die Schriftstellerin Emmy Hennings hält sich als Schauspielerin, Fabrikarbeiterin, Gelegenheitsprostituierte oder als Kabarettistin über Wasser.[7] Im Laufe ihrer Münchner Zeit kann sie immer häufiger im *Simplicissimus* auftreten.[8] Dort trifft sie auch regelmäßig Mühsam, der bald zu ihren zahlreichen Affären zählt. Sexuelle Freiheit und wechselnde Liebesbeziehungen sind für sie alle selbstverständlich.

> *Ich bin so vielfach in den Nächten.*
> *Ich steige aus den dunklen Schächten.*
> *Wie bunt entfaltet sich mein Anderssein.*
> Emmy Hennings, Traum II

2 MÜNCHEN UM 1910

Gesellschaft im Café Stefanie, September 1915: Zenzl Mühsam, Frau Anthes, Magda Peters, Otto Anthes, Erich Mühsam (Foto: Carl Georg von Maassen)

Gästebuch von Carl Georg von Maassen, 1916–1924

1914 lernt sie Hugo Ball kennen, dessen Gedichte ebenso wie die Theaterstücke Wedekinds regelmäßig von der Zensur betroffen sind. Theateraufführungen dürfen nicht stattfinden, ganze Nummern von Zeitschriften werden – meist wegen Verstößen gegen die Sittlichkeit – beschlagnahmt. So etwa die erste Ausgabe der Zeitschrift *Revolution*, eine der expressionistischen Zeitschriften, die schon vor dem Krieg teils mit den gleichen Ideen und der gleichen Bildsprache auftauchen, wie sie in der Zeit der Revolution vermehrt zu finden sind. 1914 sind diese Kreise schon in Auflösung. Franziska zu Reventlow lebt nun in einer Scheinehe, gerettet vor dem finanziellen Bankrott, in Ascona. Andere verlassen München mit Kriegsbeginn, Emmy Hennings emigriert 1915 mit Hugo Ball in die Schweiz.

Neben den öffentlichen Treffpunkten *Café Stephanie*, *Künstlerkneipe Simplicissimus*, *Café Odeon*, *Torggelstube* oder *Bunter Vogel* belegen Gästebücher regelmäßige Zusammenkünfte der Schriftsteller in privaten Kreisen. Der Literatur- und Theaterwissenschaftler Artur Kutscher lädt zum intellektuellen Austausch in sein „Seminar". Zu den Teilnehmern zählen u. a. Max Halbe, Frank Wedekind, Ludwig Ganghofer oder Johannes R. Becher. Hier liest Wedekind Stücke vor, deren öffentliche Aufführung wegen Unsittlichkeit von der Polizei verboten ist. Auch Mühsam nimmt regelmäßig teil, sieht die „Versuche[ ], schon jetzt Stellung zu gewinnen zu den Literaturströmungen der Gegenwart" aber kritisch. Spätestens ab dem Winter 1916/17 besucht auch Toller die Treffen.

Wenn alle Lokale geschlossen haben, trifft man sich oft bei Carl Georg von Maassen, einem Bibliophilen und Literaturhistoriker, und diskutiert und dichtet gemeinsam bei Wein oder Feuerzangenbowle. Maassen gehört, trotzdem Mühsam häufig seine unpolitische Haltung kritisiert, zu dessen engen Freunden. Als Mühsam und Zenzl Elfinger im September 1915 heiraten, ist er Trauzeuge.

Das Werbeplakat für den *Bunten Vogel*, wo die Mühsams ihre Hochzeit feiern, stammt von Albert Weisgerber. Er ist nicht nur Schachkollege Mühsams, sondern v. a. als Künstler im Umfeld des Blauen Reiters aktiv. Auch zwischen der literarischen Bohème und den avantgardistischen Strömungen der bildenden Kunst finden sich also immer wieder Berührungspunkte.

Die Verlagerung von den Lokalen ins Private ist auch als eine Folge der Kriegszeit zu betrachten. Grund hierfür ist nicht nur, dass die steigenden Preise während des Kriegs den Aufenthalt in den Lokalen für die Künstler kaum noch möglich

Erich Mühsam bei Carl Georg von Maassen, Weihnachten 1916

machen, sondern auch, dass mit dem Kriegsbeginn die öffentliche Meinung deutlich stärker überwacht wird. Die Zensur verhindert das Erscheinen kritischer Zeitschriften, Artikel oder Bücher. Mühsam beschreibt in seinen Tagebüchern immer wieder, dass in den Cafés und Kneipen Spitzel der Polizei auftauchen, weswegen man Privatwohnungen vorzieht. Der dänische Schriftsteller Martin Andersen Nexö erinnert sich später an die Zusammenkünfte bei den Mühsams, zu deren Gästen er gelegentlich zählt:

> „In dem hohen Mietshaus in der Münchner Georgenstraße hausten hoch unter dem Himmel als zwei freie Vögel Erich und Zenzl Mühsam. [...] ihr Geist war ebenso revolutionär wie seiner. Aus der Küche warf sie wie helle Funken ihre Bemerkungen in die Diskussion, deren Teilnehmer waren revolutionäre Künstler, revolutionäre Arbeiter, dieser und jener aufrührerische Soldat. Unbewusst hatten Erich und Zenzl um sich herum eine Welt geschaffen, in der man die Luft einer neuen Zeit schon atmete."[9]

Für Mühsam endet der Neuerungswunsch der Bohème nicht in den eigenen Kreisen. In seiner Hoffnung auf eine Zukunft, die „allen ein menschliches Dasein böte"[10], sucht er immer wieder den Austausch mit den Arbeitern. Er will sie über freiheitliche Ideen des Zusammenlebens aufklären, ihnen den Anarchismus näherbringen und sie – besonders während des Krieges – über die wirtschaftlichen und staatlichen Machtinteressen informieren. Fern ist ihm aber die klassisch organisierte Arbeiterbewegung. Schon 1905 beschreibt er, dass er dem, „was in Deutschland Arbeiterbewegung heißt", schon lange „feindlich" gegenüberstehe, da ihm deren Interessen viel zu sehr die der Besitzenden zu sein scheinen. Mit „Zornesworten" kämpft er daher weiter „für die Arbeiter und gegen ihre Führer".[11] Tatsächlich bleibt die Gruppe der Arbeiter, die er erreicht, klein, zu weit weg sind seine intellektuellen Überlegungen noch von den tatsächlichen Nöten der Arbeiter.

Im bis weit in das 20. Jahrhundert hinein agrarisch geprägten Bayern war die Arbeiterbewegung lange Zeit weniger stark vertreten als in anderen Regionen. Von 1878 bis 1890 waren sozialdemokratischen und sozialistischen Vereinen durch das Sozialistengesetzt das Abhalten von Versammlungen verboten und die öffentliche Agitation untersagt.[12] 1893 ziehen erstmals sozialdemokratische Abgeordnete in den bayerischen Landtag ein, und auch die Entwicklung von Gewerkschaften schreitet voran; im Untergrund war die Arbeiterbewegung trotz des Sozialistengesetzes gewachsen. Ab 1890 beschleunigt sich die bayerische Industrialisierung, und eine Abwanderungsbewegung vom Land in die Industrieregionen setzt ein. In den Jahren vor dem Krieg fordert die Arbeiterschaft Münchens aus der Not heraus eine Veränderung der Verhältnisse. Die Einwohnerzahl Münchens war von etwa einer Viertelmillion im Jahr 1883 auf fast 600 000 im Jahr 1910 gestiegen – es herrscht ein gravierender Wohnungsmangel, Arbeiterviertel entstehen in der Au, Haidhausen und Giesing, aber auch im Westend, in Sendling, Thalkirchen und Laim.[13] Arbeiter leben in engen Mietkasernen – teils nur mit minimalen sanitären Einrichtungen –, die Wohnungen werden in immer kleinere Einheiten unterteilt und viele Arbeiter können nur stundenweise Betten mieten.[14] Die meisten Arbeiterfamilien bewegen sich ständig am Rande der Not, mehr als die Hälfte des Verdienstes wird für Essen gebraucht, etwas mehr als ein Viertel meist für die Miete, und vom Rest sind hohe Beiträge an die Sozialkassen und andere Verpflichtungen zu bestreiten.[15] Dringliche Forderungen sind gerechtere Löhne, bessere Arbeitsbedingungen und ein stärkeres Recht zur politischen Mitbestimmung. Durch das bisher geltende Wahlrecht sind die Arbeiter benachteiligt: Die geltende Gemeindeordnung von 1869 bindet das kommunale Wahlrecht an den kostenpflichtigen Erwerb des Bürgerrechts und die Zahlung von Steuern.[16] Die Summe für den Erwerb des Bürgerrechts beträgt etwa den halben Monatslohn eines Arbeiters. 1893 ist erstmals einer der 50 Gemeindebevollmächtigten Sozialdemokrat, bis 1914 werden es zehn.[17]

Hauptforderung ist der Achtstundentag, noch sind in vielen Münchner Betrieben Arbeitszeiten von 14 bis 16 Stunden üblich. Sozialdemokratie und Gewerkschaften werden immer mehr zu einem politischen Faktor, die SPD entwickelt sich von der Arbeiter- zur Volkspartei. Auseinandersetzungen für bessere Arbeitsbedingungen, etwa durch gewerkschaftlich organisierte Streiks, sind häufig und dennoch riskant für die Arbeiter. Die SPD versucht, die während der Zeit des Sozialistengesetzes entstandenen Kleingruppen zu vereinen, es kommt aber zur Abspaltung von freiheitlichen Sozialisten, Anarchisten und Syndikalisten. 1908 verabschiedet die Partei einen Unvereinbarkeitsbeschluss mit den anarcho-

Maifeier der Münchner Arbeiterschaft in Holzapfelkreuth, 1900. Im Vordergrund Mitglieder des Arbeiterradfahrerbundes „Solidarität"

syndikalistischen Gewerkschaften. Zahlenmäßig liegt diese Gruppe 1914 bei etwa 200, die der Mitglieder der sozialdemokratischen Gewerkschaften bei 70 000.[18]

1914 sind auch Teile der Arbeiterschaft von der allgemeinen Kriegsbegeisterung erfasst. Mehr als in der restlichen Bevölkerung wird der Kriegsbeginn hier jedoch mit Angst und Hilflosigkeit beobachtet. Akzeptanz gewinnt die Kriegsbeteiligung bei vielen Arbeitern erst durch den kriegsbefürwortenden Kurs der SPD.[19] Die Differenzen innerhalb der Sozialdemokratie verfestigen sich an der Frage nach der Haltung zum Krieg.

„KREISE DES DEUTSCHEN VATERLANDS" – NATIONALISTISCHE UND VÖLKISCHE STRÖMUNGEN

Gegen die fortschrittlichen Künstler und die emanzipatorischen Bestrebungen in der Arbeiterbewegung richten sich in München verschiedene konservative Strömungen. Das Bürgertum fürchtet einen Verfall der Sitten und sieht den eigenen Wohlstand durch das Erstarken der Arbeiterbewegung bedroht. In der Prinzregentenzeit etabliert sich eine einflussreiche gesellschaftliche Oberschicht von Vertretern aus Wirtschaft, Beamtentum, Militär, Adel und Bürgertum, die politisch weitgehend konservativ eingestellt ist.[20] Das politische Gewicht der konservativen Zentrumspartei wächst, und zunehmend wird Einfluss auf die Bürokratie ausgeübt, unter anderem, um die Kunst der Moderne einzuschränken.[21] Dem bayerisch-katholischen Konservativismus sind Neuerungsgedanken suspekt, und die Künstlerkreise der Bohème erscheinen als „ein einziges Sündenbabel".[22] Dies zeigt sich auch im rigiden Vorgehen der Zensur gegen die Künstler und Künstlerinnen. Neben Fällen von Zensur und Beschlagnahmung bei Zeitschriften wird besonders regelmäßig im Bereich des Theaters, der der Vorzensur unterliegt, eingeschritten. Theater sind verpflichtet, der Polizeidirektion neue Stücke vor der Aufführung vorzulegen; diese werden dann mit Streichungen oder Inszenierungsanordnungen versehen oder ganz verboten. Ab 1908 überwacht ein von der Polizei eingesetzter Zensurbeirat Theateraufführungen und Lesungen im Hinblick auf Verstöße gegen die Sittlichkeit. Der Beirat ist das Resultat der zunehmenden öffentlichen Kritik an der Zensur und soll als Rat von Sachverständigen verschiedener Bereiche – Medizin, Geisteswissenschaften, Pädagogik und Theater – die Entscheidungen absichern. Trotz einer ausgewogenen Besetzung sind die Entscheidungen überwiegend gegen moderne Stücke. Zwischen 1908 und 1918 werden insgesamt 108 Stücke geprüft und 79 davon verboten.[23] Zudem müssen die Behörden sich nicht an die Entscheidungen dieser beratenden Instanz halten, können also auch strikter vorgehen.[24] Das Hauptaugenmerk der Zensur liegt in München auf dem Bereich der Sittlichkeit, weshalb Wedekinds Stücke die umstrittensten sind.

Max von Gruber (1853–1927), 1913

Viele der Zensoren bewegen sich in konservativ und nationalistisch geprägten Kreisen. Im Beirat sitzt etwa Max von Gruber, der als Mediziner im Bereich der Rassenkunde arbeitet und Mitglied im *Alldeutschen Verband* ist. Dieser 1891 gegründete Verband hat seit 1897 eine Münchner Ortsgruppe und vereint imperialistische, militaristische sowie antisemitische Ansichten. Seine Hauptziele liegen in der Kolonialpolitik und der Förderung des „Deutschtums" im Ausland. Ab 1912 radikalisiert der Verband sich zunehmend und arbeitet an „Reichsreformplänen", die eine Änderung des Reichstagswahlrechts und eine sukzessive Ausweisung der Juden aus Deutschland vorsehen.[25]

1907 gründen die in München angesehenen Wissenschaftler Alfred Ploetz, Max von Gruber und Ernst Rüdin die *Münchner Gesellschaft für Rassenhygiene*. Unter „Rassenhygiene" verstehen sie die Ertüchtigung einer „Rasse" durch Auslese und Abwehr angeblich „minderwertiger Elemente". Sie verleihen dem rassenhygienischen Auswahldenken akademische Autorität und setzen sich in den Folgejahren für dessen universitäre Verankerung in München ein.[26]

Sowohl für den *Alldeutschen Verband* wie auch für die Rassenhygiene bietet Julius Friedrich Lehmann mit seinem Verlag ein wichtiges Sprachrohr. Er gehört zum Gesamtvorstand des *Alldeutschen Verbandes* und engagiert sich in der Münchner Ortsgruppe. Flugschriften des *Alldeutschen Verbands* erscheinen bei ihm im Verlag.[27] Julius Friedrich Lehmann übernimmt von seinem Vater die *Münchner Medizinische Wochenschrift*, bald die auflagenstärkste medizinische Wochenzeitung. Sie bildet für den Verlag eine finanzielle Basis und sichert ihm im medizinischen Gebiet Anerkennung.[28] Lehmann spezialisiert sich auf die Gebiete Medizin, völkische Politik, Rassenhygiene und Vererbungsforschung.[29] Ab 1911 bietet er Veröffentlichungen der Rassenkunde in seinem Verlag Raum, 1922 wird die viel gelesene *Rassenkunde des deutschen Volkes* von Hans F. K. Günther bei ihm erscheinen, und auch das von der *Deutschen Gesellschaft für Rassenhygiene* herausgegebene *Archiv für Rassen- und Gesellschafts-Biologie* übernimmt er.[30] Im publizistischen Bereich findet nationalistisches und völkisches Gedankengut in München so schon früh Verbreitung. Auch Houston Stewart Chamberlains *Grundlagen des 19. Jahrhunderts*, ein Standardwerk des Rassenantisemitismus, erscheint 1899 im Münchner Bruckmann Verlag.

Archiv für Rassen- und Gesellschafts-Biologie, *1910*

Während des Ersten Weltkriegs nehmen die nationalistischen Strömungen noch einmal deutlich zu und die Ansichten verschärfen sich zunehmend. Mit dem Krieg verdoppelt sich die Mitgliederzahl des *Alldeutschen Verbandes*, der auch eine wichtige Rolle bei der Gründung der *Deutschen Vaterlandspartei* im September 1917 spielt, eines Sammelbeckens der Kriegsbefürworter und politischen Rechten.[31] Die DVLP wirbt für einen „Siegfrieden" mit weitreichenden Annexionen und für ein striktes Vorgehen gegen die Arbeiterbewegung. Ihre Gründung erfolgt als Reaktion auf die Verabschiedung der Friedensresolution des Deutschen Reichstags im Juli 1917, bei der sich die Mehrheit der Parteien für einen Verständigungsfrieden und gegen Annexionen ausgesprochen hatte. Der Schriftsteller Ludwig Thoma wirkt an der ersten reichsweiten Kundgebung der Partei mit. In den Jahren vor seinem frühen Tod 1921 wird er antisemitische Hetzartikel für den *Miesbacher Anzeiger* verfassen. 1917 zählt er neben dem Gymnasiallehrer Josef Hofmiller, dem Historiker Karl Alexander von Müller, dem Psychiater Emil Kraepelin und anderen zu den prominenten Unterzeichnern des Gründungsaufrufs für den bayrischen Landesverband der DVLP,[32]

Hotel Vier Jahreszeiten in München, um 1900

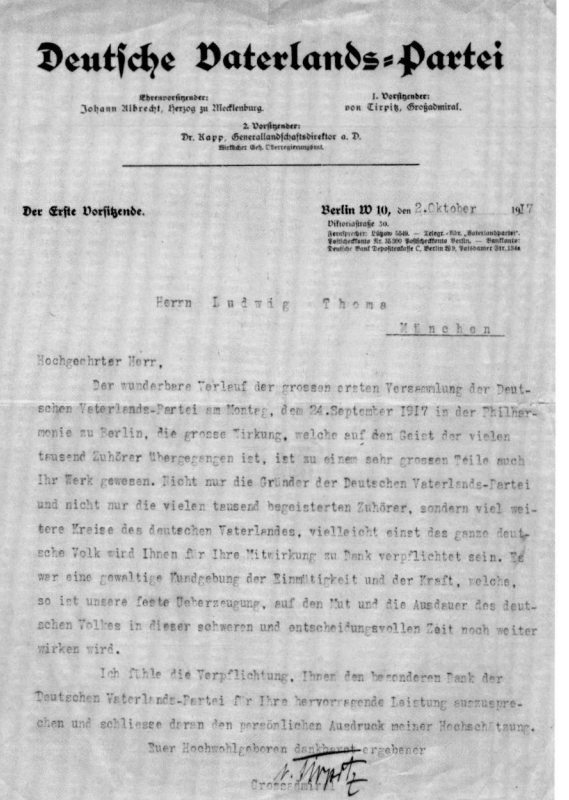

Alfred von Tirpitz (DVLP) an Ludwig Thoma, 2. Oktober 1917

den es ab Oktober 1917 gibt. Auch hier ist Max von Gruber einer der Vorsitzenden, und J. F. Lehmann wird ebenfalls Mitglied und stellt Propagandamaterial her.[33] Mit der Gründung dieses Landesverbands stärkt sich die Rolle Münchens als Zentrum der sogenannten Kanzlersturzbewegung,[34] die sich gegen die als zu wenig entschieden wahrgenommene Politik des Reichskanzlers Theobald von Bethmann-Hollweg richtet.[35] Bereits 1916 gründet sich im Umfeld Max von Grubers und Emil Kraepelins ein *Volksausschuss für die rasche Niederwerfung Englands*. Alldeutsche, rassistische, völkische und antisemitische Einstellungen sammeln sich während des Krieges in München im Umfeld der *Deutschen Vaterlandspartei*.

Auffällig sind die engen personellen Überschneidungen in den nationalistischen und völkischen Kreisen Münchens. So tagt die Münchner Ortsgruppe des *Alldeutschen Verbandes* im Hotel *Vier Jahreszeiten* in Räumen des völkischen Germanenordens, aus dem 1918 die *Thule-Gesellschaft* um Rudolf von Sebottendorff hervorgeht. Mit wirklichem Namen heißt er Rudolf Glauer; ab 1916 ist er mit viel Geld aus unbekannten Quellen im Germanenorden aktiv,[36] einem völkisch-antisemitischen Geheimbund, der 1912 aus dem Reichshammerbund hervorgeht. Voraussetzung für den Beitritt in den Geheimbund, der eine biologisch-rassentheoretische Weltanschauung vertritt, ist das Erbringen eines „Ariernachweises".[37] Im August 1918 gründet Sebottendorff die *Thule-Gesellschaft*, eine Geheimorganisation mit dem Ziel einer Diktatur auf rassischer Grundlage. Auch sie tagt in angemieteten Räumen im Hotel *Vier Jahreszeiten*.[38]

Ab Sommer 1918 fällt die Wochenzeitung *Münchener Beobachter* als Medium verschiedener völkischer Bestrebungen auf. Unter der Leitung von Sebottendorff trägt sie nun den Untertitel „Unabhängige Zeitung für nationale und völkische Politik". Zahlreiche Vertreter dieser Ansichten werden auch die Ereignisse in Revolution und Rätezeit publizistisch begleiten oder als Akteure der Gegenrevolution auftreten (s. S. 88ff.).

Vorab hinzuweisen ist auf den Fotografen Heinrich Hoffmann, von dem die meisten erhaltenen Fotos der Revolutions- und Rätezeit stammen. Um 1910 hat er sich in München bereits als Portrait- und Pressefotograf etabliert. Im ersten Kriegsjahr ist er als Pressefotograf an der Front, 1915 unterstützt er die „Heimatfrontpropaganda" mit Bildern aus Rüstungsbetrieben oder aus Kriegsgefangenenlagern.[39] Eine Zugehörigkeit zu den hier dargestellten Kreisen und Verbänden ist nicht bekannt, spätestens 1919 tritt er aber mit Publikationen an die Öffentlichkeit, die ihn ebenfalls deutlich als nationalistisch und antisemitisch denkend zeigen. Da auch dieser Band nicht umhin kommt, seine Fotografien zur Bebilderung der historischen Ereignisse einzusetzen, soll vorab auf diese Zusammenhänge hingewiesen werden. Der Stellenwert der Fotografien als historische Zeugnisse ist kritisch zu sehen, da Hoffmann zu dieser Zeit seine Fotografie bereits als Propagandamedium begreift und ein bewusst negativ wertendes Bild der Ereignisse schaffen will (s. S. 97ff.). Später spielt er als Fotograf eine zentrale Rolle im Propagandaapparat unter Adolf Hitler.

Der Fotograf Heinrich Hoffmann mit Familie, 1912

„DER KAMPF HAT BEGONNEN" –
JANUARSTREIK 1918

Im Laufe des Ersten Weltkriegs werden die kriegskritischen Stimmen lauter. Große Teile der Bevölkerung leiden an Hunger und Entbehrung. Ab 1915 ist in München Brot nur noch über Marken erhältlich. Die Sicherstellung einer Minimalversorgung der Bevölkerung mit Lebensmitteln wird 1916 immer ungewisser. In der Bevölkerung breitet sich Kritik an der Verteilung der Nahrungsmittel durch die Stadt aus, wie Mühsams Aufzeichnungen im Tagebuch zeigen:

> „Elend und Not, Krankheit und Sterblichkeit wächst rapide. Die dringlichsten Existenzmittel sind einfach nicht da, – auch für teures Geld nicht zu kaufen, und die Karten-Organisation nützt verflucht wenig. Besonders Fleisch ist fast garnicht zu kriegen. Statt Ochsenfleisch wird einem allenfalls mal ein Stück zähe alte Kuh zuteil. Für die armen Kinder gibt es zuwenig Milch. Brot und Fleisch reichen als Ersatz bei der Knappheit nicht, Gemüse ist irrsinnig teuer, und vielfach auch nicht vorhanden."[40]

Anstehen für Lebensmittel, April 1918

Im Winter 1916/17 ist der Mangel schließlich so schlimm, dass viele Familien nur noch Steckrüben zu essen haben. Schon lange sind viele Güter nur noch im Schleichhandel oder durch Fahrten auf das Land zu bekommen.[41] Für die spärlichen und nur gegen Berechtigungskarten ausgegebenen Lebensmittelrationen muss meist in langen Schlangen gewartet werden. Ab 1916 kommt es daher zu Hungerkrawallen, bei denen v. a. Frauen gegen die schlechte Ernährungslage, die Doppelbelastung aus Erwerbs- und Hausarbeit sowie das Andauern des Krieges auf die Straße gehen. Martin Geyer verweist in diesem Zusammenhang auf die „enorme soziale und politische Sprengkraft", die die Forderungen nach gerechterer Entlohnung und auch nach fairen Preisen gerade vor dem Hintergrund der Notlage der Kriegszeit entwickeln. Es kommt in der Bevölkerung so zu einer Hinterfragung des „Verhältnis[ses] von wirtschaftlicher Macht und Staat".[42]

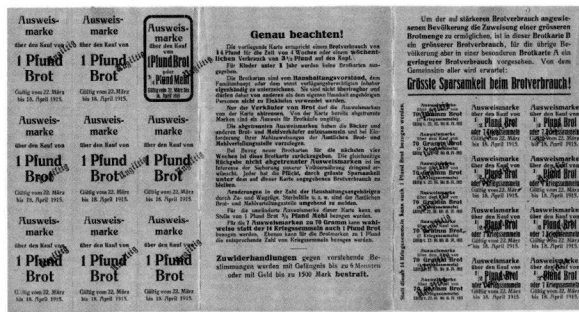

Brotkarte der Stadt München, 1915

In Folge des Krieges ändert sich auch die Struktur der Münchner Arbeiterschaft. Viele Frauen übernehmen Schwerstarbeit in Munitionsfabriken. Da die männlichen Arbeitskräfte im Krieg sind, nehmen immer mehr Frauen und Jugendliche deren Platz in den Fabriken ein. Zusätzlich wächst der Bedarf an Arbeitnehmern für die Rüstungsindustrie. Daher wird das Frauen- und Jugendschutzgesetz aufgehoben, und es gibt teils Arbeitszeiten von 6 bis 20 Uhr. Die Frauen arbeiten zu niedrigen Löhnen und werden besonders in den Munitionsfabriken oft nicht über das

> *Frauen mit ausgelaugten Gesichtern, zerarbeiteten Händen und entschlossen Augen. Sie waren eigentlich die Nüchternsten, die Mutigsten. Sie arbeiteten in den Granatfabriken, waren Straßenbahnschaffnerinnen, schufteten sonstwo […] Sie waren die ersten, die in München, in jenem grauenvollen Kriegswinter, die ersten Hungerdemonstrationen wagten, sie gingen als erste anlässlich des Januarstreiks 1918 mit Eisner ins Gefängnis.*
> Oskar Maria Graf, Theresienwiese

große Gesundheitsrisiko, unter dem sie arbeiten, aufgeklärt.[43] Als die Rüstungsproduktion von Krupp in München angesiedelt wird, kommen auch Rüstungsarbeiter nach Bayern, die als Fachkräfte verhältnismäßig gut bezahlt sind. Während Beamte und Münchner Arbeiter sich ob der Preissteigerung in den Gaststätten kaum noch etwas leisten können, fallen diese Rüstungsarbeiter als lautes und zahlungskräftiges Publikum auf. Konservative Bürger sind diesen „Landfremden" gegenüber kritisch eingestellt und fürchten die Veränderung, die diese in den Münchner Alltag bringen.[44]

Obwohl die Zahl der Kriegsopfer steigt und die Erschöpfung an der Front sowie in der Heimat zunimmt, hält die Regierung weiter an der Kriegspolitik fest. Die Kritik der Bevölkerung richtet sich immer stärker auch gegen den König, dem man vorwirft, zu sehr der Kriegsbereitschaft der Preußen zu folgen. Diese Kritik enthält auch eine starke antipreußische Komponente.[45]

Die zunehmende Kriegsmüdigkeit treibt die Spaltung innerhalb der Sozialdemokratie voran, Kriegsgegner gründen 1917 die *Unabhängige Sozialdemokratische Partei Deutschlands*. Die USPD setzt sich für einen sofortigen Friedensschluss ein und sieht den Streik als mögliches Mittel. Daher geraten ihre Anhänger immer stärker ins Blickfeld der Polizei; Spitzel werden eingeschleust und Aktivitäten und Personen dokumentiert.[46] Spitzel kommen auch regelmäßig zu den pazifistischen Diskussionsabenden, die ab Dezember 1916 um Eisner in der Gastwirtschaft *Zum goldenen Anker* stattfinden. Hier nehmen Intellektuel-

Frauen beim Nähen von Uniformen in der Münchner Textilfabrik Knagge & Peitz, 1915

le, Arbeiterinnen und Arbeiter sowie Kriegsversehrte teil. Eine wichtige Rolle spielt auch Sarah Sonja Lerch (geb. Rabinowitz). Die promovierte Nationalökonomin lebt mit ihrem Mann Dr. Eugen Heinrich Lerch ab 1912 in München und tritt als eine der ersten der dortigen USPD bei. Im Januar 1918 ruft sie gemeinsam mit Eisner und einem kleinen Kreis aus der USPD zu Streiks auf, die den Krieg beenden sollen.[47] Auch Toller und Mühsam beteiligen sich. Gemeinsames Ziel der deutschlandweiten Streikbewegung ist der Frieden.

> *Wenn nicht Hunger die Deutschen zur Revolution zwingt, gibt es keine.*
> Sarah Sonja Lerch, 1918

Vom 31. Januar bis 3. Februar 1918 streiken in München bis zu 8000 Metallarbeiterinnen und Metallarbeiter.[48] Ausgangspunkt des Streiks sind die Krupp-Werke. Gewerkschaften und die SPD stehen nicht hinter den Streiks, unterstützt werden die Arbeiter nur von der USPD. Am Abend des 31. Januar kommen die Streikenden zu einer großen Versammlung im Schwabinger Bräu zusammen und fordern das sofortige Ende des Krieges.[49] Lerch, Eisner und weitere USPD-Mitglieder werden mit dem Vorwurf des Landesverrats umgehend verhaftet.

> *Das waren die schönsten Tage meines Daseins, die Tage der Erhebung, des Kampfes. Ich sah wieder Menschenseelen, nicht nur Tiermägen.*
> Kurt Eisner, Gefängnistagebuch, 1918

Toller und andere verfassen daraufhin ein Flugblatt, das die sofortige Freilassung der Verhafteten fordert und noch einmal die Ziele des Streiks zusammenfasst. Kurz darauf wird auch er verhaftet. In einem Verhör gibt er an, am Verfassen des Flugblatts beteiligt gewesen zu sein, die Mitverfasser aber nicht nennen zu wollen. Ihm sei es v. a. um das Betonen „des allgemein Menschliche[n]"⁵⁰ gegangen. Das Gedicht *Den Müttern* wird nach dem Januarstreik bei Toller beschlagnahmt; er selbst schreibt später, dass er zu dieser Zeit Stellen aus seinem Drama *Die Wandlung* für Flugblätter verwendet habe.⁵¹ Im Text des Flugblatts mit der Überschrift „Kameraden" zeigen sich Parallelen zu Friedrichs Schlussmonolog im Drama.

Mit den Verhaftungen sind die Unruhen in München zunächst beendet, doch im weiteren Verlauf des Jahres kommt es aufgrund des Lebensmittelmangels immer wieder zu Demonstrationen.

> *Ich gehe in die Streikversammlung, ich möchte helfen, irgend etwas tun, ich verteile, weil ich glaube, dass diese Verse, aus dem Schrecken des Krieges geboren, ihn treffen und anklagen, Kriegsgedichte unter die Frauen, die Lazarett- und Krüppelszenen aus meinem Drama „Die Wandlung".*
>
> Ernst Toller, Eine Jugend in Deutschland, 1933

Flugblatt für die Freilassung der Verhafteten des Januarstreiks, Februar 1918

3 REVOLUTIONÄRE SCHRIFTSTELLER FÜR DEMOKRATIE UND MENSCHLICHKEIT

Kurt Eisner, um 1918

KURT EISNER – PAZIFIST UND REVOLUTIONÄR

„Umbilden, Umschaffen"

Kurt Eisner wird 1867 in Berlin in eine gutbürgerliche Familie geboren. 1910 kommt er als Redakteur der sozialdemokratischen Tageszeitung *Münchener Post* nach München. Zu diesem Zeitpunkt hat er schon Stationen in verschiedenen Zeitungen hinter sich, u. a. als leitender Redakteur der SPD-Parteizeitung *Vorwärts*. 1893 hatte er begonnen, als Journalist zu arbeiten, da er wegen finanzieller Schwierigkeiten der Familie sein Studium der Philosophie und Germanistik vor der Doktorarbeit abbrechen musste. Die Ethik Kants prägt sein Verständnis des Sozialismus, er setzt stets auf den menschlichen Willen, weshalb seine Arbeit der Aufklärung der Menschen verpflichtet ist. Schon während des Studiums setzt er sich immer wieder für die Zugänglichkeit von Kunst und Kultur für die ganze Bevölkerung ein. Als Mitbegründer der *Freien Volksbühne Berlin* engagiert er sich für eine Aufführung von Beethovens 9. Symphonie vor Arbeitern.[1] In der Zeit beim *Vorwärts* erweitert er sein journalistisches Schreiben in die schriftstellerische Richtung, die Unterhaltungsbeilage erhält durch ihn literarische Qualität.[2] Diese begreift er als politisch, denn „[v]on der Erziehung durch eine sozialistische, künstlerisch und wissenschaftlich vollendete Unterhaltungsbeilage dringt der Neuling am ehesten zum politischen Teil vor"[3]. Die Qualität der sozialdemokratischen Presse muss seiner Ansicht nach dabei besonders hoch sein, damit sie nicht in der Menge der bürgerlichen Presse verschwindet und die Arbeiterbewegung wirklich erreichen kann. Wichtig ist ihm daher auch der literarische Aspekt:

„Auch die mit lebendiger Anschaulichkeit und gründlicher Sachkenntnis geschriebene soziale Zustandsschilderung mangelt uns noch. Hierfür müßten wir junge, begabte, drängend unruhige Schriftsteller gewinnen, die wandern und reisen, die mit hellen Augen Leben sehen und mit knappem Wort es festzuhalten verstehen."[4]

Familie Eisner im Garten ihres Hauses in Hadern, 1916/17. Hier leben Kurt Eisner, seine zweite Frau Else, die beiden gemeinsamen Töchter sowie zwei der Kinder aus seiner ersten Ehe.

Diesen 1914 im Rahmen seiner wiederholten Auseinandersetzung mit der Rolle der Parteipresse niedergeschriebenen Anspruch löst Eisner in der *Vorwärts*-Zeit ein, indem er unter dem Pseudonym „Jocus" „Sonntagsplaudereien" veröffentlicht.

Zunehmend zeigen sich jedoch zwischen ihm und der SPD Differenzen. Im innerparteilichen Richtungsstreit, ob man über die Arbeit im politischen Tagesgeschäft oder nur über den revolutionären Weg zum Sozialismus kommen könne, setzt er sich für eine Verstetigung der parlamentarischen Arbeit ein.[5] In der Redaktion wird dem geschätzten Journalisten dies als „Bruch mit der revolutionären Endzielbestimmung des Sozialismus" vielfach verübelt, zumal ihm als bürgerlichem Intellektuellen, der erst spät zur Partei wechselte, ohnehin schon eine gewisse Skepsis entgegengebracht wird.[6] Eisner räumt den Gegenwartsaufgaben gleiches Recht ein wie „den langfristigen, auf die Verwirklichung des sozialistischen Zukunftsstaates zielenden Perspektiven"; „revolutionäres Endziel und aktuelle Reformpolitik" sollen bruchlos verbunden werden, wie es der Historiker Bernhard Grau zusammenfasst.[7] Eisners Hoffnung ist die „Revolutionierung der Köpfe" und somit eine Hinwendung der Bevölkerung zum Sozialismus, der seinem Ideal nach klassenunspezifisch und demokratisch sein und jedem die gleichen Chancen auf Teilhabe und Persönlichkeitsentwicklung einräumen sollte.[8]

1905 verlässt er schließlich den *Vorwärts* und kommt nach einer Station in Nürnberg nach München. Seine erste Ehe war noch in Berlin gescheitert, Frau und Kinder sind fürs erste dort geblieben. In München wird er die neue Lebensgefährtin Else

Politik ist Erziehung [...].
Kurt Eisner, 1919

Ein Dichter ist kein Phantast, sondern ein Dichter ist der Seher des Zukünftigen.
Kurt Eisner, 1913

Gründung des AF

Alles scheint nicht in der "Fränkischen Tagespost" zu finden, z.T. wörtlich?

Nürnberg, 17. Dezember 1909.
Breitegasse 25/27.

Werter Kollege!

Die Erfahrung, die ich in der nebenamtlichen Redaktion eines Unterhaltungsblatts und bei dem Studium des Feuilletons der Parteipresse sammeln konnte, haben mir das Bedürfnis nach einer Feuilleton-Korrespondenz aufgedrängt. Mein Bemühen, das Unterhaltungsblatt nur aus Originalbeiträgen zusammenzustellen, musste eingeschränkt werden, da die Kosten selbst den Etat eines gut fundierten Blattes überstiegen. Dieser Weg ist natürlich für die finanzschwächere Presse überhaupt unmöglich. Zwar gibt es eine Anzahl guter parteigenössischer Spezialkorrespondenzen, die fleissig benutzt werden und auch künftig benutzt werden müssen. Aber es fehlt eine alle Seiten des Kulturlebens spiegelnde und alle Formen des Feuilletons pflegende Korrespondenz.

Aus diesen Erwägungen will ich, von Mitarbeitern unterstützt, vom Januar 1910 ein wöchentliches "Arbeiter-Feuilleton" herausgeben. Zunächst wird es sich nur um einen Versuch, einen Anfang handeln. Findet er günstige Aufnahme, so soll die Korrespondenz in umfassender Weise ausgebaut werden. Ich möchte nicht die Originalbeiträge verdrängen. Ich halte es vielmehr für die Pflicht, der finanzkräftigen Presse, diese individuelle Arbeit zu pflegen; für sie soll das "Arbeiter-Feuilleton" nur eine Beihülfe sein. Aber die Abhängigkeit von der bürgerlichen Presse, den Nachdruck, die systemlose Zufallsstoffwahl möchte das "Arbeiter-Feuilleton" vermindern.

Die vorliegende Probenummer enthält Material für Weihnachten und zum Schnapsboykott. Auf meinen Beitrag, "Die ewigen Arbeiter", lenke ich Ihre Aufmerksamkeit. Dieses Stück sozialen Entsetzens möchte die weiteste Oeffentlichkeit finden. Der Abdruck der Probenummer steht Ihnen im einzelnen zu den angegebenen Bedingungen oder im ganzen für ....Mark zur Verfügung. Das Abonnement der Korrespondenz beträgt monatlich........Mark.

Mit kollegialem Gruss
gez.: Kurt Eisner.

Gründungsanschreiben des Arbeiter-Feuilletons, 17. Dezember 1909

Belli heiraten. Finanziell ist seine Lage in München nicht gut, die Familie wohnt daher günstig in Großhadern. Für die *Münchener Post* schreibt er Landtagsberichte und neben anderen Artikeln hauptsächlich Theaterkritiken. In dieser Zeit verfasst er auch Porträts historischer Persönlichkeiten, v. a. bekannter Dichter der Weltliteratur, deren politisches und soziales Engagement er herausstellt.[9] Gleichzeitig verfasst er als freier Journalist sein *Arbeiter-Feuilleton*, das er zwischen 1909 und 1917 herausgibt. Damit beliefert er sozialdemokratische Zeitungen mit Zusammenstellungen von Artikeln für das Feuilleton.[10] In seiner journalistischen Arbeit fühlt er sich der Bildung der Menschen verpflichtet.

„Der Kampf um den Frieden hat begonnen."

Mit dem Ersten Weltkrieg kommt für ihn endgültig der Bruch mit dem Kurs der SPD. Anders als bei der Parteimehrheit gibt es bei ihm nur eine ganz kurze Phase der Bejahung des Krieges. 1914 sieht er auf Basis der verbreiteten Meldungen kurzeitig die Kriegsgefahr von Russland ausgehen, weshalb er den Zusammenhalt der westeuropäischen Länder gegen Russland fordert und die Notwendigkeit der Verteidigung des Vaterlandes artikuliert.[11] Schnell jedoch beginnt ein kritisches Umdenken bei ihm – über die amtlichen Veröffentlichungen hinaus zieht er alle ihm zugänglichen Quellen zu den Hintergründen des Kriegsausbruchs heran.[12] Spätestens ab 1915 ist er von der Kriegsschuld Deutschlands überzeugt und verurteilt die Tatsache, dass die SPD 1914 im Reichstag der Bewilligung von Kriegskrediten zugestimmt hat und sich für einen innenpolitischen Burgfrieden stark macht. Er bemängelt, dass die Partei „von den radikalen Todfeinden der bürgerlichen Gesellschaft auf einmal zu den widerwärtigsten Hurrapatrioten übergegangen"[13] sei. Die *Münchener Post* schließt sich ebenfalls dem nationalen Tonfall an und Eisner wird fortan aus dem politischen Bereich herausgehalten. Er kann fast nur noch für das Ressort „Theaterkritik" schreiben. In seinem eigenen *Arbeiter-Feuilleton* versucht er über die deutsche Kriegspolitik aufzuklären. Die Einschränkungen der Veröffentlichungsmöglichkeiten und die Zensur während des Krieges verschlechtern seine ohnehin schon angespannte finanzielle Lage; zwischenzeitlich ist er auf Unterstützung von Else Bellis Vater angewiesen. Einzelne Artikel veröffentlicht er in der sozialdemokratischen Zeitschrift *Die Neue Zeit*. Hier erscheint im April 1915 sein Artikel *Treibende Kräfte*[14], in dem er den Einfluss des *Alldeutschen Verbandes* als maßgeblich für die deutsche Außenpolitik darstellt. Er bemühe sich seit fast einem Jahrzehnt um die Aufklärung über den Verband, „während die bürgerlichen Blätter die Alldeutschen fast immer nur im Tonfall des Spottes"[15] nennen würden und somit die von ihnen ausgehende Propagandakraft für Krieg und Nationalismus übersehen würden. Seiner Ansicht nach ist die völkische Ideologie des Verbandes nur Nebensache, in der Hauptsache gehe es den Mitgliedern um deutsche Siedlungskolonien, die durch Rohstofflieferungen und gleichzeitigen Einkauf deutscher Produkte die Wirtschaft stärken würden. Zum Erreichen dieses Ziels gelte es, die Machtstellung Deutschlands zu stärken, insbesondere militärisch. Eisner geht davon aus, dass der Verband über seine *Alldeutschen Blätter* schon lange Einfluss auf die bürgerliche Presse habe und so an der Schaffung einer kriegerischen Stimmung beteiligt sei. Besonders, da hinter dem Programm des Verbandes Industrielle, Landwirte und ehemalige Generale und Admirale stünden und „sie über einen überall ausgebreiteten Stab von ‚Intellektuellen'" verfügten, seien „sie der Presse als fachkundige Mitarbeiter jedesmal dann willkommen, wenn über irgendeine Frage der Weltpolitik ein Konflikt ausbricht"[16]. Der Aufsatz wird kurz darauf auch als Flugschrift des pazifistischen Bundes *Neues Vaterland* veröffentlicht.

Eisner setzt sich für einen schnellen Frieden ohne Annexionen ein und beteiligt sich an verschiedenen pazifistischen Organisationen. In den Kursen, die er im Arbeiterbildungsverein gibt, arbeitet er besonders gegen die Hetze, die von der Regierung gegen die anderen am Krieg beteiligten Völker betrieben wird und bezieht hier auch Kunst und Literatur mit ein, etwa 1916 in der Vortragsreihe *Weltliteratur der Gegenwart*.[17] Hier nimmt er die deutsche, österreichische, skandinavische, französische, englische und slawische Literatur in den Blick. In den Jahren 1915 und 1916 verfasst er etliche kriegskritische Erzählungen, besonders anlässlich von Weihnachten, Ostern und Pfingsten. Dies entspricht seiner Grundhaltung, sich nicht über die angesprochenen Arbeiter zu stellen, sondern aus ihrer Alltagswelt heraus zu schreiben, um die Menschen mit ihrer Sprache und ihren Themenwelten zu erreichen. Immer wieder greift er so religiöse Bräuche und christliche Rituale der bayerischen Bevölkerung in seinen Texten auf. Eisner, der selbst nicht religiös lebt, ist jüdischer Herkunft. Über die Entscheidung hinaus, dieses Bekenntnis beizubehalten, setzt er sich aber wenig mit dem Judentum auseinander. In seinen Texten bezieht er den Wunsch nach Frieden auf die christliche Religion, die Kritik am Krieg scheint sich daraus abzuleiten. Klaus Weber stellt in diesem Zusammenhang fest, dass es Eisner darum gehe, „die Selbsttätigkeit der Einzelnen in der Masse anzuregen, die Befreiungsdimensionen in den Alltagsgeschichten freizugraben und die Menschen auf ihre veränderungsfähigen Potenziale hin zu entwerfen"[18]. Ein Beispiel hierfür ist die Erzählung *Die Angst der Toten* aus dem Dezember des Jahres 1915. Erzählt wird, wie das Christkind auf die Erden kommt, „um den artigen Kindern zu bescheren"[19], und von den Menschen über die Kriegserfolge berichtet bekommt: „Die Leichen türmen sich berghoch vor unseren Drahthindernissen. [...] Mit unseren Handgranaten zerschellten wir die Köpfe unserer Feinde. Dabei waren wir gerecht und menschlich, tapfer und barmherzig."[20] Das Christkind kann nicht verstehen, „warum sich die Leute so begeistern über etwas, was sie selber Gräuel nannten", und will deshalb vor dem Verteilen seiner Geschenke andere Völker befragen. Überall bekommt es dieselbe Mischung aus Nationalstolz, Militarismus und Hass gegen die jeweils anderen Länder zu hören und wird wie ein militärischer Feind behandelt: „Aber es wurde plötzlich mit harten Fäusten festgehalten und bis auf die Seele untersucht; selbst unter den Flügeln schauten sie nach. Und man nahm ihm alle Geschenke fort, da sie auf der Liste der verbotenen Waren standen. Es konnte noch froh sein, dass man ihm die Flügel nicht abschnitt; denn einer hatte gemeint, die werde man in Deutschland für den Luftkrieg beschlagnahmen."[21] Im Flug werden ihm die Flügel zerschossen und an der Grenze „verlangte man von ihm das Manuskript der Ansprache, die es zu halten gedächte"[22]. Schließlich hofft es, in Amerika die Wahrheit zu erfahren, gerät aber in Auseinandersetzungen über die Frage nach der Verletzung der Neutralität durch Waffenlieferungen. Da es seine Flügel inzwischen verkauft hat und sich schämt, in den Himmel zurückzukehren, weil es dort „früher immer gutgläubige liebliche Geschichten von den holden Menschenkindern" erzählt hat, geht es ins Reich der Toten. Mit dem, was es hier vorfindet, liefert Eisner eine bildstarke Beschreibung der Kriegsgräuel:

„Zwischen Blumen in matt und mild schimmerndem Glanze wallten die Schatten. Es waren aber Schatten, die sonderbar anzusehen waren. Es waren wie Entkörperungen zerrissener Menschen. Dem einen fehlten die Beine, dem andern wuchs statt des Kopfes ein brüchiges Gebinde von Splittern. Manche schleppten ihre Eingeweiden hinter sich, wie Ketten, und viele umkrallten durchbohrte Herzen mit verstümmelten Fingern."[23]

Erstaunt ist das Christkind besonders, dass hier Menschen verschiedener Nationen „friedlich und liebreich miteinander" leben und versuchen, sich gegenseitig zu helfen. Daher denkt es, die Richtigen zum Beschenken gefunden zu haben, und will ihnen das Leben schenken, worauf die Schatten jedoch mit Entsetzten reagieren, da sie als Lebende wieder gezwungen wären, Feinde zu sein. So bleibt dem Christkind nichts anderes übrig, als sie von der Angst, „wieder leben zu müssen"[24], zu erlösen. Eisner zeigt mit der Perspektive des Christkinds die Irrwitzigkeit des Krieges und lässt selbst die Religion in Anbetracht der Verrohung der Menschen ratlos werden. Erzählungen wie diese zeigen, dass der überwiegend als Journalist bekannte Eisner auch das literarische Schreiben einsetzt, um die Menschen politisch zu erreichen.

In der SPD gehört er mit seiner kriegskritischen Haltung der Minderheit an, bemüht sich aber in Bayern lange darum, die Mehrheit für das Programm eines Verständigungsfriedens zu gewinnen. In München sind es v. a. jugendliche Kriegsgegner, die, als die Partei versucht, die Opposition zu unterdrücken, eine unabhängige Jugendgruppe gründen. Ab Dezember 1916 regt Eisner für diese und andere Interessierte Diskussionsabenden im *Goldenen Anker* an. Als es zur Gründung der USPD kommt, nimmt er dort eine führende Rolle ein.

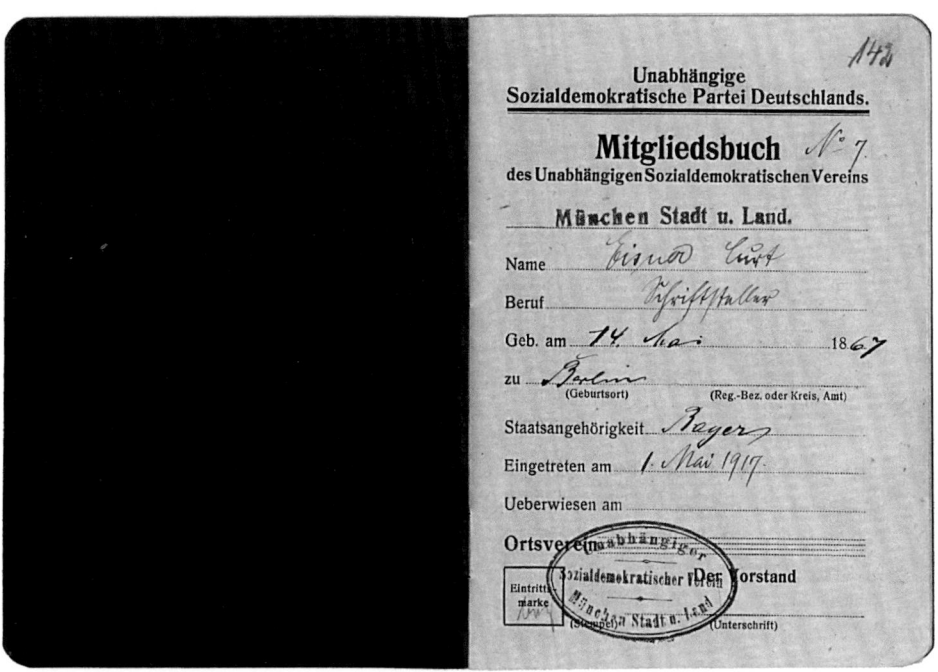

Kurt Eisners Mitgliedsbuch für die USPD, Mai 1917

3 REVOLUTIONÄRE SCHRIFTSTELLER FÜR DEMOKRATIE UND MENSCHLICHKEIT

Seite aus Eisners Gefängnistagebuch, 1918

In seinen Artikeln durch die Zensur massiv eingeschränkt, fokussiert er sich auf die mündliche Agitation, sowohl in den Diskussionsrunden als auch bei der Münchner USPD. Dank seiner rhetorischen Fähigkeiten gelingt es ihm so, linke pazifistische Bestrebungen in der Stadt zu bündeln.[25] Im Januar 1918 ist Eisner maßgeblich an der Organisation der Streiks in den Münchner Munitionsfabriken beteiligt, die das Ende des Krieges fordern.[26]

„Seid Menschen! Wagt die Freiheit!"

Am Abend des 31. Januar wird Eisner in der Folge des Januarstreiks verhaftet und kommt zunächst im Gerichtsgefängnis am Neudeck in Untersuchungshaft, ab Juni 1918 in die Haftanstalt Stadelheim. Gegen ihn und andere Beteiligte des Januarstreiks wird der Vorwurf des Landesverrats erhoben. Bis er im Oktober 1918 freikommt, gibt es kein Urteil; eingestellt hatte er sich auf eine lange Haftzeit. Die Entlassung ist nur möglich, da er als Wahlkandidat der USPD in der Ersatzwahl nach dem Ausscheiden Georg von Vollmars aufgestellt ist.

Die Monate der Haft sind eine schriftstellerisch äußerst produktive Zeit für Eisner. Er rechnet in seinem Gefängnistagebuch nicht nur mit der SPD, der Presse und den Kriegstreibern ab, sondern hält auch kleine Erzählungen und Gedichte fest.[27] Außerdem stellt er Texte für seine zweibändigen *Gesammelten Schriften* zusammen, die 1919, kurz nach seinem Tod, im Paul Cassirer Verlag erscheinen. Der gutbürgerliche Verleger publiziert in der Phase von 1919 bis 1923 aus humanistischer Überzeugung einige sozialistische Texte, darunter Eisner und Landauer. Auch das Theaterstück *Die Götterprüfung* erscheint 1920 hier. Begonnen hatte Eisner den Text bereits 1898 im Gefängnis Plötzensee, als er eine neunmonatige Haftstrafe wegen Majestätsbeleidigung absitzen musste. In der Haft 1918 schreibt er das Stück fertig. Da es seine in der Forschung bisher wenig bekannte literarische Auseinandersetzung mit den Ereignissen jener Zeit darstellt, soll es im Folgenden näher betrachtet werden. Nahezu alle grundlegenden Themenkomplexe und Ansichten Eisners sind im Stück in literarischer Ausformung enthalten.

Kurt Eisner: Die Götterprüfung, 1920

Was er selbst als „weltpolitische[ ] Posse" ankündigt, kann als expressionistisches Theaterstück bezeichnet werden.[28] In einer der wenigen kurzen Ausführungen zum Stück weist Allan Mitchell auf die schwierige Lage des Autors hin, der nicht einmal genau weiß, wie lange er in Haft sein wird. In einer „Bemerkung", die dem Stück vorangeht, nimmt Eisner zum Begriff der Posse Stellung und betont die Möglichkeit der Wiederkehr des Aufgezeigten, des Gleitens ins Komische der überkommenen Staatsform der Monarchie:

„Eine fest in sich gefügte Welt, die sich durchaus in allem, auch im Läppischen, ernst nimmt und ernst dargestellt ist, wirkt, über sich selbst hinaus gesehen, als Posse und Fratze. Eine Tragödie im Bewußtsein und in der Form der Agierenden wird in der weltgeschichtlichen Geltung Komödie. So geht diese Welt in Trümmer, weil die Zukunft über sie lacht, während sie selbst weint. Das Komische ist eine *vertrocknete* Träne. Doch über die Trauer von ehedem und das Lachen von heute (vielleicht auch erst von morgen!) schimmert vereinend und verklärend der ewige Geist erlösender Zukunft, wie in den primitiven Verhältnissen der ersonnenen Fabel doch der Urgrund auch für die entwickelten und verwickelten Beziehungen später Zeitalter in der Wiederkehr des Gleichen durchsichtig bleibt."[29]

Erzählt wird von einem Inselvolk, das „weisre Sitten"[30] hat als andere, da der Prinz dort nicht durch Erbfolge zum König wird, sondern erst eine Prüfung vor dem Rat der Weisen bestehen muss. So lange er diese nicht besteht, gilt für das Volk eine Hochzeitssperre; alles wartet also auf den Erfolg des Prinzen Agab. Dieser wird jedoch als nahezu willenloses Wesen dargestellt, das den „Zweck"[31] nicht zu fassen vermag. Er hat sich scheinbar ohne eigenen Willen dem Regelwerk zu fügen, während er von den verschiedensten „Meistern" umgeben ist: Der Hirn-, der Geschlechts-, der Macht-, der Wachtmeister und weitere scheinen die wahren Lenker des Staates zu sein. Schon in dieser Personenkonstellation liegen erste Parallelen zu Eisners Kritik an den Machtverhältnissen Deutschlands im Zusammenhang mit der Beurteilung des Kriegseintritts. Prinz Agab nun interessiert sich kaum für die Wissenschaft, sondern mehr für Jagd und Kleider und fällt folglich durch die Königsprüfung. Im Zwiegespräch mit dem Hirnmeister, der ihn auf die nächste Prüfung vorbereiten will, zeigt er immer wieder seine Naivität und Unverständnis über die Zusammenhänge. Wiederholt erklärt der Hirnmeister die Wichtigkeit des Krieges zur Festigung der eigenen Macht im Volk: „Die Tausend wissen niemals ihre Kraft. Der Zähmung Wunder wirkt Euch Krieg und Größe."[32] Auch das Bühnenbild der ersten Szene zeigt die beherrschende Rolle des Krieges: Zwischen dem Chor der Jünglinge und dem der Jungfrauen, die durch die Hochzeitssperre getrennt sind, steht hier „die Mumie des Krieges, ein alles überragender, uralter, skelettdürrer, am Rumpf gewappneter Mann, dessen kahler Totenschädel mitten im Höchstmaß kriegerischer Wutangst erstarrt scheint"[33]. Der Prinz und die Meister haben zwei Gegenspieler, die Figuren Guldar und Warana, die das Spiel durchschauen: Guldar fordert die Jünglinge auf, „das selbstgewirkte Netz des Wahns entzwei" zu reißen und nicht länger enthaltsam zu bleiben, denn „[n]ur *einmal* lebt der Mensch"[34]. Während die übrigen Jünglinge an der erlernten Ordnung festhalten, bricht er in der Nacht mit seiner geliebten Warana das Verbot. Sie, die Tochter des Obersten der Weisen, zeigt sich auch vorher schon als Kritikerin des Systems, in dem sie ihrem Vater vorschlägt, dem Prinzen leichtere Fragen zu stellen, damit dieser das „Ansehn eines Königs"[35] habe, während der Weise im Hintergrund herrschen könne. Nachdem der Vater darauf nicht eingeht, handelt sie selbst und spielt dem Prinzen Antworten auf die Prüfungsfragen zu, woraufhin der Prinz die Prüfung besteht und Warana zu begehren beginnt. Der Prinz gibt die langen Antworten auf die Prüfungsfragen jedoch ohne Betonung und Gefühl wieder, hat offensichtlich deren Inhalt nicht verstanden. Dennoch wird er nun zum König und wandelt sich vollständig. Wie durch eine „Anmerkung für den Schauspieler" unterstrichen wird, geht diese Wandlung einzig von der Krone aus, die ihm nun aufgesetzt wird. Als zusätzliche Lichtquelle beherrscht diese das Bühnenbild. Durch sie wird der neue König „vom Dämon der Königswürde besessen" und gerät in „größenwahnsinniges Gefasel", wie es ebenfalls in der Anmerkung Eisners heißt. Agab will nun Warana zur Königin machen, doch die widersetzt sich, und im Volk droht Unruhe auszubrechen. Daraufhin hat der Hirnmeister „den rettenden Einfall" und weist auf eine drohende Kriegsgefahr durch Feinde hin. Ohne überhaupt zu wissen, wer der Feind ist, erklärt der König sofort den Krieg; die Masse folgt begeistert. Der nun einsetzende Hass gegen die Feinde gleicht der von Eisner kritisierten Hetze der deutschen Obrigkeit gegen England. Guldar versucht, die Menschen aufzuhalten, und führt in seiner Rede gegen den Krieg die Lösungen aus der Königsprüfung an:

> [...]
> Der freie Mensch, der freie Schöpfer - - wie? - -
> Hebt so der neuen Tage Hoffnung an?
> Ist das die junge Freiheit, die gehorsam
> In blökend blödem Herdentrott dem Führer

> In Ängsten folgt und Unterwerfung leistet
> Den tollen Fratzen heischender Begierden?
> Seid Schinder Ihr, die Lebendes erst achten,
> Wenn es am Boden fault, ein stinkend Aas?
> Ich rufe Euch, beschwörend, flehend, bettelnd:
> Verweigert Euch! Seid Menschen! Wagt die Freiheit!³⁶

Für einen kurzen Moment stellt sich die Masse hinter ihn, doch schnell gelingt es dem Hirnmeister und dem König, den Eindruck entstehen zu lassen, Guldar handle im Auftrag des Feindes, und man wirft ihm vor, nicht auf der Insel geboren zu sein.³⁷ Ebenso wie Eisner in München als „landfremd" und – noch mehr – als Jude angegriffen wird, ergeht es hier seiner Figur. Die Weisen malen Guldar bereits seine Haft im Kerker aus:

> Aus engem Spalt des eisig finstern Kerkers
> Zwei bleiche Fäuste krallen wehrlos sich
> Um kant'ge Eisenstäbe, reckend, rütteln,
> Wie abgehaun vom Körper und erstarrt:
> [...]
> Zwei bleiche Fäuste rasen irrer Ohnmacht,
>   Das bleibt von Dir: zwei krampfgekrümmte Hände
> An schwarzen Kerkergittern, kraftverwest.³⁸

Bei dieser bildhaften Schilderung der Ohnmacht des Eingesperrten gilt es zu bedenken, dass Eisner während des Schreibens selbst aus politischen Gründen in Haft ist, während in der Welt – wie im Stück – der Krieg weitergeführt wird. Die Feinde und ihre Verbündeten sollen bis zum Letzten bekämpft werden, Guldar liegt in Ketten, Warana will der König nun mit Gewalt zu seiner Frau machen. Sie jedoch wehrt sich und soll daraufhin auf dem Scheiterhaufen sterben. Mit dieser revolutionären Frauenfigur setzt Eisner der Rolle der Frau im Januarstreik ein Denkmal, waren es doch unzählige Frauen, die auf der Straße mitdemonstrierten. Sarah Sonja Lerch war maßgeblich an den Ereignissen beteiligt und nach dem Streik für ihre Überzeugung in Haft. In seinen *Gesammelten Werken* nimmt er eine bewegte Notiz zu ihrem Tod im Gefängnis Stadelheim im März 1918 auf.³⁹ Nicht zuletzt sind Sarah und Warana sehr ähnlich klingende Namen.

Im Stück offenbart sich nun, dass die Antworten des Prinzen in der Prüfung von Warana erdacht waren. Da der Prinz sie jedoch nur auswendig lernte, misslang ihr Plan, durch die in den Antworten liegenden neuen Ideen für den Staat Einfluss auf ihn zu nehmen:

> Fürwahr, ich wollte Dich verführen. - - Kläglich
> Mißlang's! - - Verführen Dich zu Menschenhoheit.
> [...]
> Die Fragen stahl ich nur, doch ihre Lösung
> Ersann ich selbst. Begeistert, wähnte ich
> Auch Deine sieche Seele zu begeistern
> Durch schwingender Gedanken Flammenworte.⁴⁰

3 REVOLUTIONÄRE SCHRIFTSTELLER FÜR DEMOKRATIE UND MENSCHLICHKEIT

Zum Ende des Akts bemerkt der König, dass Guldar geflohen ist. In der darauffolgenden Zwischenakts-Pantomime verdeutlicht Eisner noch einmal die zeitliche Übertragbarkeit der Handlung seines Stückes. Auf der Bühne ist nun ein Rokoko-König und in einem gespiegelten Zuschauerraum sind „heutige[] Arbeiter[ ] in ihrer schmutzigen Arbeitskleidung" zu sehen. Sie gehen auf die Bühne und packen den König fest am Genick, während die Musik von der Zarenhymne in einen slawischen Revolutionsmarsch übergeht.[41] Anschließend wird die Handlung fortgesetzt und der entkommene Guldar kann mit einer kleinen Schar von meist jugendlichen Anhängern Warana vor dem Scheiterhaufen retten. Im Volk beginnt nun Unmut gegen den Krieg laut zu werden, worauf der Hirnmeister „[g]lorreichen Frieden" verspricht und wünscht, dass nicht „innrer Hader" störe. Die hier angedeutete Politik des Burgfriedens kritisierte Eisner während der Haft in seinen Gefängnistagebüchern ganz deutlich. Schlussendlich stellt sich das Volk hinter Guldar. Im selben Moment erlischt des Königs Krone, woraufhin er nur noch stammeln kann. Das Volk will nun Guldar zum König machen, doch dieser wirft die Krone ins Meer und ermutigt die Menschen in einem Schussmonolog zur Eigenständigkeit:

[...]
Ich liebe sehnsuchtsvoll was jenseits ruft
Von dieser Zeit und lerne von den Menschen
Ich achte, was ihr *werdet*; und dem Werden
Bin ich bereit zu helfen, Euch zu raten,
Wann ihr zu Taten, Großes fühlend drängt.
Verlangt: ich soll für Euch den Tod erleiden,
Damit ihr wahrhaft lebt - - ich bin bereit.
[...]
Nur über Schicksal zu gebieten,
Das fordert nicht von mir. Das kann ich nicht.
In einer Welt kann ich nicht leben, wo
Nicht jeder *lebt*; beherrschen nicht ein Volk,
In dem nicht jeder gleicher Würde Herrscher.
Nicht Fürsten sollen sein, nicht Führer vor
Den Menschen. [...]
[...] Glied der Menschheit
Wird nur *das* Volk, wo *jeder* König, *jeder*
Bewußter Führer ist, und nach des Geistes
Still reifendem Gesetz der *Freiheit* Kraft
Das Schicksal fügt; [...]
Zu unerreichbar fernen Höh'n, die Herzen
Wie rote Fackeln tragend und erleuchtend
Den dunklen Wolkenpfad geheimster Götter.[42]

Proklamation der Bayerischen Republik, November 1918

Hier sind die Grundsätze Eisners enthalten, der in keiner Gruppe „Führer" sein möchte, Diskussionen nie leitet, sondern einen Rahmen schaffen will, in dem jeder selbst befähigt wird, den richtigen Weg zu finden. Sprachlich wird hier noch einmal expressionistisches Pathos deutlich, wie auch eine Revolutions-Symbolik, die sich in vielen Texten der Zeit findet.

Gemäß dem im Drama formulierten Anspruch Guldars, nicht der neue König zu werden, sondern nur den Menschen auf dem Weg zur Freiheit zu helfen, formulierte Eisner während des Streiks: „Ich habe nur das Interesse, diese Bewegung durchzuführen – und dann werde ich wieder verschwinden. Die Arbeiter sollen ihre Angelegenheiten selbst ordnen, sie brauchen keine Führer."[43] Da mit dem vorzeitigen „Verschwinden" durch die Haft seine Ziele nicht annähernd erreicht waren, geht mit seiner Entlassung die Arbeit weiter.

„Ein Traum von neuem Menschenglück, mitten in Tod und Not"

Als Eisner im Oktober 1918 als Wahl-Kandidat für die USPD wieder frei kommt, knüpft er an die Ereignisse des Januarstreiks an. In Folge des Kieler Matrosen-Aufstands glaubt er nun fest, dass München aufstehen wird[44], und kündigt mit der USPD für den 7. November eine Kundgebung auf der Theresienwiese an. Die MSPD will die Lage mit dem Versuch einer Beteiligung unter Kontrolle bekommen. Tausende Münchnerinnen und Münchner, viele Soldaten und Matrosen kommen auf die Theresienwiese zu den konkurrierenden Kundgebungen des SPD-Mannes Erhard Auer sowie zu Kurt Eisner und dem Bauernführer Ludwig Gandorfer. Die anschließende Demonstration der Gruppe um Eisner und Gandorfer führt zu den Kasernen in der Innenstadt; ohne nennenswerte Ausschreitungen verlassen die kriegsmüden Soldaten die Kasernen und schließen sich an. Den Militärbehörden fehlen so alle Kräfte, und bis zum Abend werden sämtliche wichtigen Einrichtungen und Ministerien von den Revolutionären übernommen.

Die neu entstandenen Arbeiter- und Soldatenräte wählen Eisner zum Vorsitzenden und ziehen zum Landtag, während die königliche Familie aus der Stadt flieht. Noch in der Nacht wählen die Räte Eisner zum Ministerpräsidenten der neuen Republik. Am nächsten Morgen ist in den *Münchner Neuesten Nachrichten* seine Proklamation des „Freistaat Bayern" zu lesen, und überall in der Stadt finden sich rote Flugblätter, die die Republik verkünden.

Ohne Blutvergießen ist die fast 800-jährige Herrschaft der Wittelsbacher beendet. Selbst der konservative, gegen die Revolution eingestellte Schriftsteller Josef Hofmiller betont deren friedlichen Anspruch: „Plünderungen kamen vor, besonders von Waffengeschäften, auch militärische Lager wurden geleert, aber, das muß man der Gerechtigkeit halber feststellen, gegen den Willen des Rates, der von Anfang an, wie es scheint, ehrlich bemüht war, Ordnung zu halten und Gewalttaten zu verhindern."[45]

> *Demokratie heißt nicht die Anerkennung des Unverstandes der Massen, sondern Demokratie heißt der Glaube an die Möglichkeit der Vernunft der Massen.*
> Kurt Eisner: Rede im Provisorischen Nationalrat, 17. Dezember 1918

Um die Einheit der Arbeiterschaft nicht zu gefährden, beteiligt Eisner die revolutionskritische SPD an der Regierung und holt sich mit Erhard Auer als Innenminister einen seiner ärgsten Gegner ins Parlament. In vielen Ämtern belässt er die alten Beamten des Königs, es fehlt an neuen qualifizierten Kräften. Die Arbeiter- und Soldatenräte will er in seiner

Fritz Schaefler: Kurt Eisner, Holzschnitt als Titelblatt der Süddeutschen Freiheit *vom 10. März 1919*

Regierung neben dem Parlament verankern, um so die Bevölkerung an der Regierung zu beteiligen und politische Erziehung vom Untertan zum freien Bürger anzustoßen.

Die große Rolle, die Eisner Kunst und Kultur für den Prozess der Erziehung zur Demokratie beimisst, zeigt sich besonders an der von ihm veranstalteten Revolutionsfeier Mitte November im Nationaltheater, zu der Menschen aus allen Bevölkerungsschichten vom Arbeiter-, Bauern- und Soldatenrat geladen wurden. Die Atmosphäre im Nationaltheater ist ganz anders, als man es bisher gewöhnt war: „Keine festliche Auffahrt, keine rauschenden Toiletten, keine blinkenden Ordenssterne und Diademe. Die Karten waren durch das Los verteilt worden [...]. Die Minister saßen nicht wie sonst beieinander, sondern das Los hatte sie im Hause verteilt. [...] An Stelle der Orden und Diademe vergangener Festaufführungen sah man diesmal als einzige Auszeichnung rote Armbinden und rote Schleifen."[46] Die Feier beginnt mit der „schlechthin vollendete[n] Wiedergabe"[47] von Beethovens Leonoren-Ouvertüre, dirigiert von Bruno Walter, die Eisner folgendermaßen kommentiert:

„Freunde! Die Klänge, die eben an Ihre Seelen gedrungen, malen die Ungeheuerlichkeit eines tyrannischen Wahnsinns: Die Welt scheint im Abgrund versunken, zerschmettert. Plötzlich tönen aus Dunkel und Verzweiflung die Trompetensignale, die eine neue Erde, eine neue Menschheit, eine neue Freiheit ankündigen. So sah Beethoven das Schicksal der Welt. [...] Das Kunstwerk, das wir eben gehört, schafft in prophetischer Voraussicht die Wirklichkeit, die wir eben erlebt. In dem Augenblicke, da der Wahnsinn der Welt den Gipfel des Entsetzens erreicht zu haben schien, verkünden aus der Ferne Trompetensignale neue Hoffnung, neue Zuversicht. Freunde! Was wir in diesen Tagen erlebt, ist ein Märchen, das Wirklichkeit geworden."[48]

Auf den Flugblättern zur Feier abgedruckt ist der von Eisner eigens zu diesem Anlass verfasste Liedtext *Gesang der Völker*. Die Tatsache, dass zu seinen ersten Äußerungen, die er bei diesem feierlichen Anlass an das Volk richtet, ein literarischer Text zählt, zeigt, dass er dieses Medium nicht nur für das geeignete hält, um das Gefühl des Volkes zu erreichen, sondern ihm auch ein großes Potential für weitere revolutionäre Aktivitäten beimisst. Es ist bezeichnend, dass es ihn in der Phase des Umsturzes dazu drängt, seine Gefühle literarisch zu fassen. Mitten in diesen bewegten Tagen hat er kaum eine freie Minute und schreibt dennoch den Text nieder:

> [...]
> Die Zeiten entgleiten.
> Die Erde erbebte.
> Es krallte das Alte
> Ins Herz junger Zeit.
> Da mußten die Bleichen
> Den Schreitenden weichen.
> Du Volk wurdest erweckt.
> Der Tod war besiegt.
>
> Wir schwören zu hören
> Den Rufern der Freiheit.
> Wir schirmen in Stürmen
> Die heiligen Höhn.
> Die Menschheit gesunde
> In schaffendem Bunde,
> Das neue Reich entsteht.
> Oh Welt werde froh!
> Welt werde froh![49]

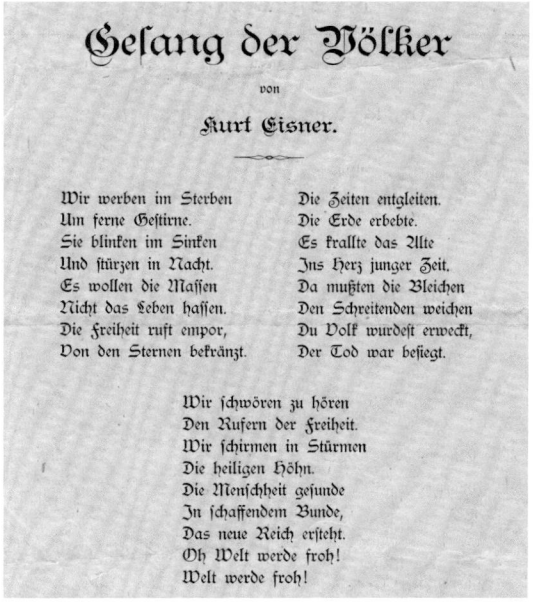

Kurt Eisner: Gesang der Völker, auf der Rückseite des Programms der Revolutionsfeier im Nationaltheater am 17. November 1918

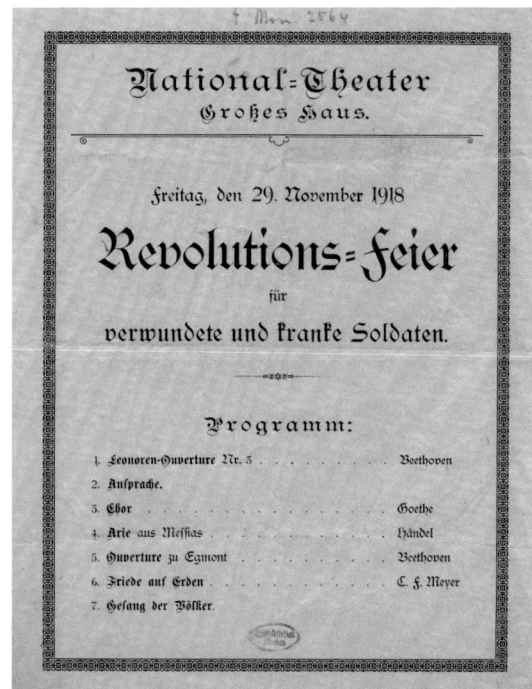

Programm der Revolutionsfeier für verwundete und kranke Soldaten im Nationaltheater am 29. November 1918

Die bildsprachlichen Elemente des Schreitens, der Erweckung und des Rufes finden sich in zahlreichen literarischen Texten der Revolution, und sie lassen sich zu einer spezifischen Revolutionsmetaphorik ausarbeiten. Die hier gezeigte friedliche Aufbruchsstimmung entspricht jedoch schnell nicht mehr der tatsächlichen Lage in der Bevölkerung: Mit dem Rätegedanken und seinem Bekenntnis zur deutschen Kriegsschuld macht Eisner sich Feinde in bürgerlich-konservativen Kreisen und der SPD. Vor allem von nationalistischer Seite wird eine massive Hetzkampagne gegen ihn betrieben. Dennoch wehrt er sich gegen eine Einschränkung der Pressefreiheit. Schon im Regierungsprogramm hatte er eine freie Presse versprochen, aber auch deren Schuld an den politischen Entwicklungen während des Krieges betont:

> „Schon beginnt nach der ersten Überraschung ein Teil der Presse, die mehr Schuld an der Katastrophe Deutschlands hat als irgendeine andere Institution, zu beweisen, dass sie von dem Geiste der jungen Zeit noch unberührt ist. Wir werden auch diesem Treiben, diesem läppischen Unsinn, die uneingeschränkte Freiheit gewähren, in dem ruhigen und festen, verachtenden Gefühl von Männern, die sich klar darüber sind, dass sie vor der Geschichte ihre Handlungen zu verantworten haben und verantworten können. Wir beabsichtigen nicht, die Presse, unmittelbar oder mittelbar geheim zu beeinflussen. Wir werden kein Regierungsblatt haben. [...] Aber auch auf diesem Gebiete haben wir die Zuversicht, dass sich eine innere Reinigung und Erneuerung des Pressewesens vollziehen wird und damit die Presse ihrem heiligen Berufe wiedergegeben wird, dem sie sich so schmählich entfremdet hat."[50]

„Zur Kenntnisnahme", Erklärung Eisners zur Pressehetze gegen seine Person, 29. November 1918

Eisner ist weiterhin von der Möglichkeit der Gewaltlosigkeit und dem Glauben an die Einsicht der Menschen überzeugt. Selbst als die Hetze von rechts immer deutlicher wird und er teils sogar Morddrohungen erhält, bleibt er bei seinem Grundsatz der Pressefreiheit.

Auch von links wächst die Kritik, Eisners Politik des Ausgleichs und seine Bereitschaft zu Kompromissen mit den Mehrheitssozialdemokraten werden von konsequenten Anhängern des Rätegedankens und von den Kommunisten kritisch gesehen. Nicht zuletzt wachsen die Differenzen, als Eisner wegen Kritik an den von ihm geplanten Wahlen – also über die Frage nach Parlamentarismus oder Rätesystem – Mitglieder von KPD und Revolutionärem Arbeiterrat, darunter auch Mühsam, kurzzeitig verhaften lässt. Im Februar ruft der Revolutionäre Arbeiterrat zu einer großen Demonstration auf. Eisners Teilnahme an dieser kann als Versuch gesehen werden, die schwindenden Anhänger wieder für sich zu gewinnen.

Bei den Landtagswahlen am 12. Januar 1919 erreicht Eisner nur 2,5 % der Stimmen. Am 21. Februar will er seinen Rücktritt erklären, wird aber auf dem Weg zum Landtag vom nationalistischen und antisemitischen Anton Graf von Arco auf Valley ermordet. Diese Tat führt zu einer politischen Radikalisierung. Im Trauerzug zu Eisners Beerdigung am

> *Gegen die Macht der Lüge, die Macht der Wahrheit, gegen die Politik der Täuschung, der gegenseitigen Überlistung die Politik der Wahrheit und des gegenseitigen Vertrauens.*
> Kurt Eisner, Wahlrede vor den Unabhängigen, Dezember 1918

Kurt und Else Eisner sowie Felix Fechenbach auf der Demonstration am 16. Februar 1919. Die Tafel „Die Reaktion marschiert! Hoch das Rätesystem!" ist als Kritik an Eisners Politik zu verstehen (Foto: Franz Xaver Hartl)

Trauer-Blatt für Kurt Eisner, 21. Februar 1919

26. Februar sind zum letzten Mal alle revolutionären Strömungen vereint, es kommen mehr als 100 000 Menschen. Am Ostfriedhof hält Gustav Landauer die Grabrede, bei einer weiteren Trauerfeier im März im Odeon spricht Heinrich Mann:

„Die hundert Tage der Regierung Eisners haben mehr Ideen, mehr Freuden der Vernunft, mehr Belebung der Geister gebracht, als die fünfzig Jahre vorher. Sein Glaube an die Kraft des Gedankens, sich in Wirklichkeit zu verwandeln, ergriff selbst Ungläubige."[51]

Danach verschärfen sich die Spannungen zwischen radikalen und gemäßigten Linken. Zuerst wirken im Machtvakuum Räte und Minister nebeneinander. Im März wird die Wiedereinberufung des Landtags beschlossen und Johannes Hoffmann (SPD) wird zum neuen Ministerpräsidenten gewählt.

GUSTAV LANDAUER – MAHNER FÜR GEWALTLOSIGKEIT

Gustav Landauer wird 1870 in Karlsruhe als Sohn einer Kaufmannsfamilie geboren. Vor der Revolution lebt er nicht in München, ist dort aber bereits als anarchistischer Denker und Schriftsteller eine feste Bezugsgröße. Sein *Aufruf zum Sozialismus* von 1911 ist eine viel gelesene Lektüre, und seine Ansichten sind prägend für viele, die zu der Zeit revolutionär denken. Mühsam etwa verbindet eine langjährige Freundschaft mit ihm; in einem Rückblick schreibt er, dass er dem „Freunde Gustav Landauer" die „Klärung [s]einer Ansichten"[52] verdanke. Auch der junge Toller schreibt in der Phase seiner politischen Selbstfindung nach dem Fronteinsatz im Ersten Weltkrieg an Landauer, um Zuspruch für seine pazifistischen Ansichten zu erhalten, aber auch um seine frühen literarischen Arbeiten von ihm begutachten zu lassen. Eisner ruft Landauer direkt nach der Revolution im November nach München, damit er „durch rednerische Betätigung" „an der Umbildung der Seelen"[53] mitarbeite. Warum Eisner gleich im November an ihn denkt, ist unklar. Sicher ist, dass die beiden schon 1917 über die Gründung des pazifistischen *Bundes Neues Vaterland* in Kontakt

Gustav Landauer, Frühjahr 1919

sind. Mögliche Berührungspunkte gibt es jedoch schon früher in beider Leben: Etwa studieren Landauer und der drei Jahre ältere Eisner 1889 einige Monate gleichzeitig in Berlin. Hier engagieren sich beide für die *Freie Volksbühne*: Eisner ist 1889 Mitbegründer, Landauer wird 1891 ebenfalls Mitglied, bis er bei der Spaltung des Vereins 1892 zur *Neuen Freien Volksbühne* wechselt. Die Vereine wollen die Kunst für das Volk öffnen. Durch die Vereinsform können außerdem auch sozialkritische Stücke ohne Eingriffe der Zensur gespielt werden. Landauer und Eisner dürften sich in der Bedeutung, die sie dem Theater für die Entwicklung der Arbeiterschaft zusprechen, auf jeden Fall einig gewesen sein.

3 REVOLUTIONÄRE SCHRIFTSTELLER FÜR DEMOKRATIE UND MENSCHLICHKEIT

Gustav Landauer mit Mitgliedern des Friedrichshagener Dichterkreises, Berlin 1892

„… hoffe, etwas Schönes schaffen zu können …"

Zum Studium nach Berlin gekommen, knüpft Landauer 1891 Kontakte zum *Friedrichshagener Dichterkreis*, einer Vereinigung naturalistischer Schriftsteller mit lebensreformerischen Absichten. Bei einer „anarchistischen Versammlung" und Treffen der *Freien Volksbühne* lernt er seine erste Frau Margarethe Leuschner (1872–1908) kennen, die dort als „die Emanzipierte" vorgestellt wird.[54] Sie leben ab 1892 zusammen und bekommen bald zwei Töchter, Charlotte Clara und Annie, die 1898 im Alter von zwei Jahren stirbt. Politisch bewegt Landauer sich zu dieser Zeit im *Verein Unabhängiger Sozialisten*, einem Zusammenschluss der Berliner *Jugend*, die sich als innerparteiliche Oppositionsgruppe der Sozialdemokratie versteht.[55] Ab 1893 ist er Teil des Herausgeberkollektivs der Zeitschrift *Sozialist*, die ebenfalls im Umfeld der „Jungen" erscheint und sich nach Schwanken zwischen Marxismus und Anarchismus unter Landauers Einfluss den Libertären zurechnet. Zu dieser Zeit beginnt er, regelmäßig zu internationalen Sozialisten- und Anarchistenkongressen zu reisen, 1893 nimmt er an der Feier zum 1. Mai in London teil und fordert die Einführung eines Feiertags für die Arbeiter.[56] Im selben Jahr veröffentlicht er seinen ersten Roman *Der Todesprediger*, der die Suche der Figur Karl Starkblom nach einer tauglichen Lebensanschauung beschreibt. Der Protagonist wendet sich dem Sozialismus zu, resigniert als Agitator und will sich dann für den Freitod entscheiden, bevor die Liebe ihn davon abbringt und er lebensbejahende „Utopien" entwickelt. Landauers anarchistisch-antipolitisches Weltbild zeigt sich im Roman und seine Kritik an der bürgerlichen Gesellschaft wird deutlich.[57]

Im Herbst muss er eine fast einjährige Haftstrafe wegen Aufforderung zum Ungehorsam gegen die Staatsgewalt und Aufreizung durch die Presse antreten. Literarisch ist die Zeit der Haft für ihn eine ausgesprochen produktive Phase. Trotz des politischen Vorgehens gegen ihn, das im Urteil deutlich wird, sieht er die Gefängnisstrafe gelassen. An seine Frau schreibt er:
> „Auch dass ich jetzt ‚für meine Sache' im Gefängnis sitze, ist eine ganz gleichgiltige Sache. Das ist nun so meine Natur, mein Verhalten dem Leben gegenüber. Es ist Leichtsinn. Aber von „Opfern" keine Spur. Wer wird sich denn „opfern"? Aber eine Schande ist es, dass ich selbst manchmal, ohne es bös zu meinen, noch solche Worte gebrauche. Aber – fort jetzt damit. Ich werde jetzt wieder *für mich* schreiben."[58]

Landauer will die Zeit nutzen, um für sich zu schreiben. Es liegt nahe, dass damit das literarische in Abgrenzung zum politischen Schreiben gemeint ist. Auch wenn die Haltung der Gefängnishaft gegenüber nicht so positiv bleibt und sich in späteren Briefen deutlich seine Einsamkeit zeigt, nutzt er die Zeit zum Lesen, arbeitet an einem Roman und schreibt die Novellen *Arnold Himmelheber* und *Lebendig Tot*. Sein Schreiben zeigt nicht in der direkten Handlung der Texte politische Positionen, sondern diese werden in den dargestellten Menschen und deren Lebensfragen verhandelt. *Arnold Himmelheber* etwa beschreibt ein von den gesellschaftlichen Schranken befreites Zusammenleben, das am Ende den Tod als Erfüllung sehen kann; dies zeigt, dass in allen Menschen das Gute zur Verwirklichung kommen kann. Am Tag seiner Verurteilung zu weiteren acht Monaten Haft schreibt Landauer an Margarethe Leuschner über den Zweck seines Schreibens:
> „Nun, ich will mich recht zusammennehmen und hoffe, etwas Schönes schaffen zu können, das meinem lieben guten Schatz und mir selbst, unsern Freunden und manchen andern da und dort in der Welt eine recht hertzhafte Freude machen soll, etwas, was die Menschen so tief ergreifen soll, als ich sie nur ergreifen kann."[59]

Dieses Ergreifen der Leser ist es, was den Texten eine politische Dimension gibt. Gert Mattenklott verweist in Zusammenhang mit Landauers frühen schriftstellerischen Arbeiten auch auf sein Selbstverständnis in der Ausübung seiner Autorschaft als Lebensform.[60] Zuallererst versteht er sich als Schriftteller, weshalb es ihm wichtig ist, nicht vom Schreiben leben zu müssen, denn er „würde dann nur noch schreiben um zu leben", möchte aber „unter anderm leben um zu schreiben"[61]. Vor allem betont er in einem Brief an seinen Vetter Hugo, der ihn zeitweise auch finanziell unterstützt, die Wichtigkeit, mit seinem Schreiben unabhängig zu sein: „[D]ie Möglichkeit, dann wenn ich was zu sagen habe, mit Wort und Feder einzugreifen, möchte ich mir nicht nehmen lassen."[62] Weiterhin veröffentlicht er auch politische Texte, 1895 den Aufsatz *Der Anarchismus in Deutschland* oder die Broschüre *Ein Weg zur Befreiung der Arbeiterklasse*. Als politisches Mittel sieht er den Generalstreik, 1896 beteiligt er sich an einem Streik der Berliner Konfektionsarbeiterinnen und -arbeiter. Häufig betont er auch die Potentiale eines möglichen Zusammenschlusses von Konsumgenossenschaften für Arbeiter und Bauern. Somit zeigen sich bereits hier Positionen, die Landauer auch später mit dem *Sozialistischen Bund* vertritt. Wegen seines Eintretens für einen zu lebenslanger Haft Verurteilten, dessen Schuld anzuzweifeln ist, wird er 1898 erneut verurteilt.

1899 lernt er die Lyrikerin und Übersetzerin Hedwig Lachmann kennen; 1903 lässt er sich von seiner ersten Frau scheiden und heiratet Hedwig. Aus der Ehe gehen die beiden Töchter Gudula und Brigitte hervor.

3 REVOLUTIONÄRE SCHRIFTSTELLER FÜR DEMOKRATIE UND MENSCHLICHKEIT

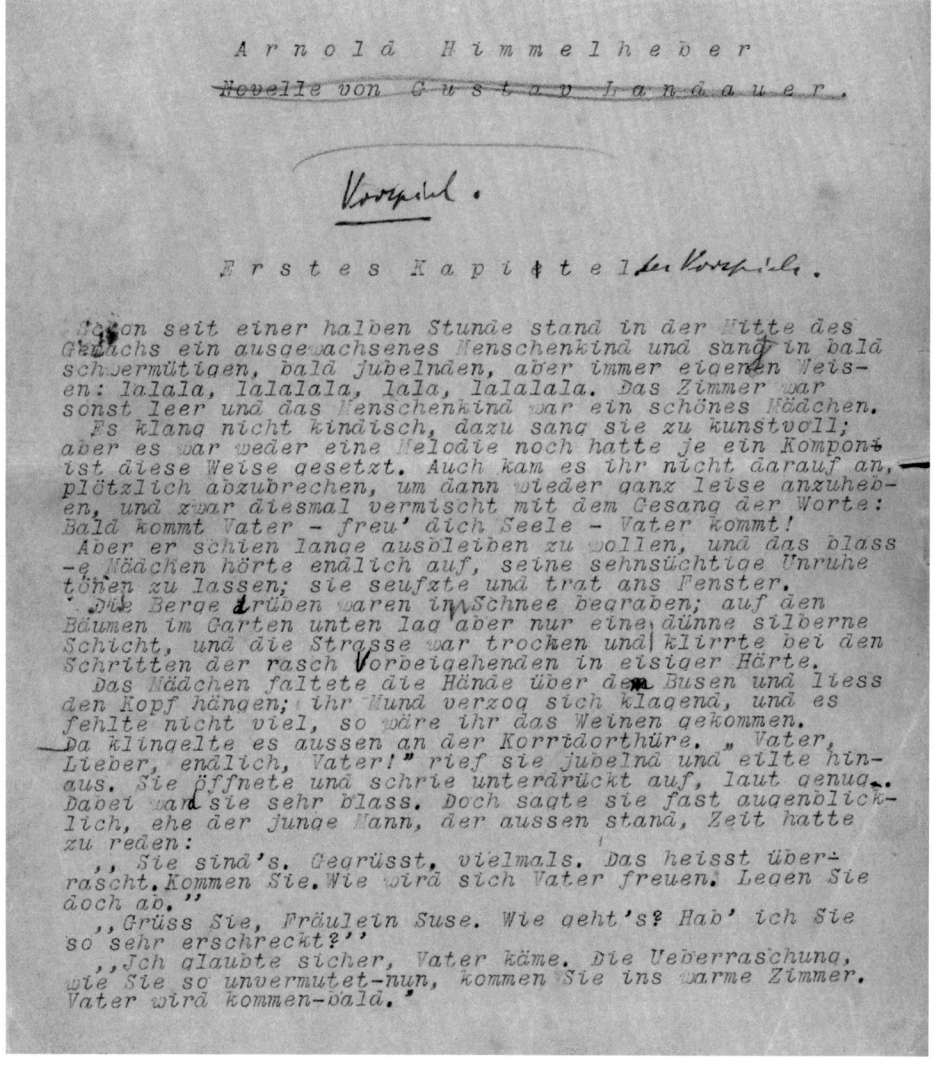

Gustav Landauer: Erste Seite des Typoskripts der Novelle Arnold Himmelheber

Ich glaube, daß ich etwas unüblich bin und in keine Schublade hineinpasse, kommt daher, daß ich weder ein Agitator noch ein Dichter bin, sondern eine Synthese von beiden, die keinen Namen hat: die dichterischen Elemente werden wohl da sein, aber da ist etwas, das nicht Dichter sein will.
Gustav Landauer an Emanuel von Bodman, 18. Oktober 1912

Hedwig Lachmann und Gustav Landauer übersetzen beide Texte der europäischen Geistesgeschichte, u. a. von Meister Eckhart, Octave Mirabeau, Peter Kropotkin, Oscar Wilde oder Walt Whitman. Immer wieder suchen sie mit der Auswahl der Texte auch den Rückbezug auf frühere Freiheitstraditionen, wie das mittelalterliche Zunftwesen oder die Französische Revolution. Vor allem während der zweiten Haftzeit setzt Landauer sich intensiv mit den sprachkritischen Studien seines Freundes Fritz Mauthner auseinander. Die Kritik an der Sprache ist für ihn eng mit seiner Gesellschaftskritik verbunden, eine soziale Revolution müsse mit der Zerstörung der festen Begriffe der Sprache beginnen. Schon in der Novelle *Arnold Himmelheber* definiert er die Abgrenzung der Protagonisten von den Regeln der Gesellschaft über die Sprache. Die, die „anders als diese – anderen" sind, sprechen untereinander, „wie man mit sich selber spricht", und können sich daher wirklich verstehen.[63]

Einen möglichen Wandel in der Gesellschaft sieht Landauer immer deutlicher über die Veränderung des Zusammenlebens in Form von Kleingruppen realisierbar. In der *Neuen Gemeinschaft* bemüht er sich mit den Brüdern Heinrich und Julius Hart um die Realisierung von ländlichen Siedlungsprojekten. Hier lernt er auch Erich Mühsam kennen. Langfristig hat die Gruppe jedoch keinen Bestand, die Einzelinteressen gehen zu stark auseinander; Landauers Überlegungen zur Frage des Zusammenlebens in Gemeinschaften vertiefen sich jedoch. 1908 gründet er seinen *Sozialistischen Bund* und versucht, durch Informationsveranstaltungen in Deutschland und der Schweiz Anhänger für sein Konzept des freien Zusammenlebens zu finden. 1911 erscheint sein Hauptwerk, der *Aufruf zum Sozialismus*. Gemeinschaft soll sich auf Basis des eigenen freien Willens entwickeln und nicht durch gesellschaftliche Normen erzwungen werden. Für die Verwirklichung des Sozialismus sei die Revolutionierung der Gesellschaft, die Veränderung des Bewusstseins jedes Einzelnen notwendig. Immer wieder bezieht er sich auf die jüdische Tradition und betont seine eigene jüdische Herkunft. Vor allem in Fragen des Gemeinschaftslebens misst er dem Judentum eine besondere Bedeutung bei. Die spirituelle Verbundenheit einer Gemeinschaft abseits vom Konzept des Staates ist Teil seiner Siedlungsidee vom Zusammenleben in Bünden.

Hedwig Lachmann (1865–1918) in jungen Jahren

3 REVOLUTIONÄRE SCHRIFTSTELLER FÜR DEMOKRATIE UND MENSCHLICHKEIT

„Kriege gibt es nur, weil es Staaten gibt"

Schon in den Vorkriegsjahren meldet Landauer sich wiederholt warnend zu Wort, seit 1905 beobachtet er mit Besorgnis die wachsende Kriegsbereitschaft und weist auf die Kriegsgefahr sowie die versagende Politik der Sozialdemokratie hin.[64] Als Kritiker des Konzepts der durch Gewalt organisierten Institution des Staates sieht er die Gewaltbereitschaft des Krieges darin wurzeln. Während der Staat für ihn eine Zwangsstruktur auf Basis von Gewalt ist, könne die Gesellschaft auf Freiwilligkeit, Gegenseitigkeit und Vielfalt basieren.[65] Schon 1911 verfasst er die Flugschrift *Die Abschaffung des Krieges durch die Selbstbestimmung des Volkes*. Der drohende Krieg sei durch den antimilitaristischen Widerstand in Form des Generalstreiks zu verhindern.[66] Der Kampf für den Frieden müsse, nach Landauers Ansicht, die Veränderung des menschlichen Zusammenlebens beinhalten, da nur so die Ursachen des Krieges, insbesondere der Nationalismus, dauerhaft zu beseitigen seien.

Gustav Landauer: Aufruf zum Sozialismus, *Revolutionsausgabe von 1919*

„Der Sozialist trägt in sich das Bild einer Gesellschaft, in der die Beziehungen der Menschen eines Volkes zueinander so geordnet sind, dass der Staat umgewandelt ist in eine Menge von Korporationen, Bünden, Vertragspartnern. Dem echten Sozialisten ist weder die Wirtschaft noch der Gemeingeist der Sprache und Sitte, welcher Nation heißt, mehr mit dem Staate verbunden: Sein Gefühl hat seine Fäden um die neuen Bünde geschlungen, die zwischen den Menschen eines Volkes wie zwischen den Völkern erst werden sollen; sein Herz aber schlägt nicht höher, wenn der Name ‚seines' Staates genannt wird[.]"[67]

Von unten nach oben wie von oben nach unten sollen sich die Menschen verbünden.
Gustav Landauer, Der europäische Krieg, August 1914

1914 sind die konsequenten Antimilitaristen Hedwig Lachmann und Gustav Landauer schockiert über den Kriegstaumel vieler anderer Intellektueller, auch einiger ihrer Freunde. Im *Sozialist* veröffentlicht Landauer – trotz Einschränkungen durch die Zensur – weiter Texte für den Frieden und druckt kriegskritische Werke seiner Frau ab. Über ihr Gedicht *Marcia Funebre*, das die Schrecken der Leichenfelder des Krieges vor Augen führt, entsteht eine heftige briefliche Diskussion mit dem befreundeten Ehepaar Mauthner, das, wie viele andere, nicht mehr frei von Nationalismus und Kriegsbegeisterung ist. In einer ausführlichen Antwort nimmt Hedwig Lachmann noch einmal Stellung und betont:

DER SOZIALIST

── ORGAN DES SOZIALISTISCHEN BUNDES ──

| 6. JAHRGANG | BERLIN, DEN 1. DEZEMBER 1914 | NUMMER 19 |

Zu Ehren Voltaires
GEBOREN 20. NOVEMBER 1694

Vorbemerkung: Zweihundertzwanzigste Geburtstage der grossen Geister der Menschheit zu begehen mag sonst nicht üblich sein. Aber ein Jahr 1914 war auch noch nicht da, wo kleine Geister den schrecklichsten aller Kriege durch ein absonderliches Bardengebrüll verstärken wollen, wo Hass sich der fratzenhaften Entstellung bedient, wo deutsche Schreiber sich nicht schämen, mitten im Kriege Nationen wie Frankreich und England zuzuschreien, sie hätten ihre geistige Rolle ausgespielt und würden zum alten Eisen der Geschichte geworfen, wo der Bombast wütet und aus den Kriegsmännern des Deutschen Reichs Sendboten des Himmelreichs macht. Man muss die Feste feiern, und heute ist es Zeit, gegen Rausch und Raserei den Geist der Klarheit, der Nüchternheit, der Ironie anzurufen; heute ist es Zeit, gegen Überhebung, Vergesslichkeit und Kritiklosigkeit, die bis zur Unreinlichkeit gehen, der Sauberkeit des Intellekts zu huldigen. Wir lassen im folgenden einen echten deutschen Voltairianer zu Wort kommen, der uns lehrt, was Voltaire war und was wir, alle Nationen insgesamt, diesem französischen Geiste verdanken. Dieser deutsche Nachfolger Voltaires ist *Josef Popper* (der auch unter dem Namen Lynkeus als Verfasser der »Phantasien eines Realisten« bekannt geworden ist), und die Schrift, aus der wir das Stück entnehmen, heisst: *Das Recht zu leben und die Pflicht zu sterben.* Sie ist erstmals 1878 zum hundertsten Todestag Voltaires erschienen, kam 1903 in dritter Auflage heraus und ist von Anfang bis zu Ende dieser und der kommenden Zeit in ihrem ganzen Inhalt zum Nachdenken zu empfehlen.

*

DIE EUROPÄISCHE MENSCHHEIT ATMETE IM schweren Dunkel, sie ging gebeugt einher; die Menschen hatten nicht den Mut, sich aufrecht zu halten, einige alte Bücher lasteten auf ihren Rücken; Männer in farbigen Trachten und mit ernsten Mienen standen an allen Wegen und hoben drohend den Zeigefinger; nur wenige Menschen hatten den einen Fuß erhoben, um vorwärts zu schreiten, aber sie sahen auf jene Männer und hielten den erhobenen Fuß in der Luft wie festgebannt; die Anderen rührten sich nicht; aus dem Hintergrund schwankten stets von Neuem Gespenster hervor.

Da erscholl ein welterschütterndes Lachen, ein Lichtstrahl durchdrang den Raum, die Gespenster zerstoben in Nichts, die Männer ließen die drohende Hand machtlos sinken und hielten mit der anderen die Augen bedeckt, um nicht geblendet zu werden; die Menschen schritten mutgewinnend einher, sie hielten sich plötzlich aufrecht, die Bücher polterten zu Boden:

Zwei Karfunkel-Augen beleuchteten die Menschen und die Dinge, das Jahrhundert und die Zeit der Vernunft war angebrochen: Voltaire war da.

Er hat uns gelehrt, die Freuden des Lebens ohne Skrupel zu suchen, und er hat das Beispiel gegeben, sich unserer Begabung zur Freude selbst zu freuen.

Er hat durch seine Handlungen und durch seine Schriften von zwecklosem Respekt vor Autorität befreit.

Er vernichtete die falsche Pietät.

Er empörte sich und uns gegen die Erniedrigung der Menschen durch Zeremonien und Symbole.

Er brachte alle nützlichen und schönen Bestrebungen der Menschheit zur gegenseitigen Achtung.

Er haßte in Leben und Schriften jede Koketterie mit Empfindungen, die unter dem Anschein schöner Schwärmerei auftritt.

Er zeigte und forderte Einfachheit in allem und jedem, und trennte scharf Wahrheit und Einfachheit von erkünstelter Natürlichkeit und Rohheit.

Er lehrte uns Gerechtigkeit im Urteil.

Er erweckte lebhafter als irgend jemand in Europa in

Marcia funebre

Begrabt die Männer, dass nicht das Getöse
Des Schlachtgemenges länger sie umschallt,
Und dass vom Todeskrampf, der sie umkrallt,
Die Erde ihre starren Glieder löse.

O traure, traure, Herz, an den Gebeinen
Der Mannheit, die dem rohen Schwert erlag,
Zehntausend starben dir an einem Tag,
Beweine sie, als weintest du um einen!

Auf fahlen Äckern stockt in breiten Spuren
Das frisch vergossene, noch warme Blut;
Vergeudet, wie ein allzu feiles Gut,
Verwest die Frucht der Mütter auf den Fluren.

Mit Dunkel überziehend ihre Namen,
Sprengt über sie der erzbeschlagne Tross,
Dicht Mann bei Mann, erlöschen Stamm und Spross
Und auf verheertem Grund zerfällt ihr Samen.

Begrabt die Männer, dass nicht das Getöse
Des Schlachtgemenges länger sie umschallt,
Und dass vom Todeskrampf, der sie umkrallt,
Die Erde ihre starren Glieder löse.

HEDWIG LACHMANN

Aus der römischen Republik
BRIEFE MARGARET FULLERS

X.

(An die »New York Tribune«)

Rom, 27. Mai 1849.

DER KAMPF ZWISCHEN DEM PRINZIP DER DEMOKRATIE und den alten Mächten, die nicht länger rechtmässig sind, ist nun frei und völlig eröffnet worden. Dieser Kampf kann fünfzig Jahre dauern, und die Erde kann mit dem Blut und den Tränen von mehr als einer Generation begossen werden, aber das Ergebnis ist gewiss. Ganz Europa, Grossbritannien eingeschlossen, wo sich der allerheftigste Widerstand erheben wird, wird im nächsten Jahrhundert republikanisch verwaltet sein.

Jeder Kampf, den die alten Tyranneien führen, all ihre jesuitischen Täuschungen, ihre Raubzüge, ihre Einkerkerungen und Hinrichtungen der edelsten Männer, all das sät nur mehr Drachenzähne; die Saat schiesst täglich üppiger empor.

Als ich nach Italien kam, hatte die breite Masse dieses Volkes keinen Wunsch, der über verfassungsmässig beschränkte Monarchien, über konstitutionelle Regierungen hinausging. Sie hegten noch Achtung vor den berühmten Namen des Adels; sie verachteten die Priester, hingen mit dem Herzen aber noch an den Dogmen und dem Kultus der katholischen Kirche.

Hedwig Lachmann: Marcia Funebre, In: Der Sozialist, 1. Dezember 1914

„Nein, die Völker sind sich nicht in Wirklichkeit feind und was jetzt als Haß von Volk zu Volk wütet, das ist gedankenlos ererbter Irrglaube, der nun mit allen Mitteln geschürt und in Brand gehalten wird. […] Aber wenn andere jetzt in ihrer Wesensverwandtschaft und Stammeszugehörigkeit gestärkt sind, so ist es mir, als wäre ich herausgehoben und entwurzelt und angeschlossen an die große heimatlose Familie, die nur von einem Band zusammengehalten wird – der Menschheit!!"[68]

Als der *Sozialist* 1915 das Erscheinen einstellen muss, bemüht Landauer sich im Privaten, gleichgesinnte Kriegsgegner zu finden, und arbeitet verstärkt an literaturgeschichtlichen und historischen Studien.[69] Während des Krieges feiert die Familie Landauer kein Weihnachtsfest, das „Friedensfest" wollen sie nachholen, sobald die Menschen Frieden geschlossen haben.[70] Beide unterzeichnen im Sommer 1916 einen Aufruf zur Bildung einer *Zentralstelle Völkerrecht*, die von der *Deutschen Friedensgesellschaft* und dem *Bund Neues Vaterland* getragen wird und für den Verständigungsfrieden eintreten will.[71] Im Mai 1917 zieht die Familie von Berlin ins schwäbische Krumbach, „um in dieser abnormen Zeit natürlich und gedeihlich leben und arbeiten zu können"[72].

Im Februar 1918 stirbt Hedwig Lachmann unerwartet an einer Lungenentzündung, was ihren Mann sehr aus der Bahn wirft. Für Freunde beschreibt er kurz nach ihrem Tod ihre Krankheitszeit und ihr Sterben. Der Text beginnt mit den Worten: „Noch lebe ich in dem Sterben meiner Frau und will davon nicht weg. Wundre sich keiner, dass ich die Feder halten und Sätze bauen kann; es fällt nicht leicht, aber es soll gehen; ihr, die ihr sie im Leben gekannt habt, sollt erfahren, welches Leben ihr Sterben war."

Gustav Landauer mit seinen Töchtern Charlotte (l.) und Brigitte, um 1918

„... wir brauchen – wieder und wieder und wieder – die Revolution, wir brauchen den Dichter"

Mitte November 1918 kommt Landauer auf Eisners Ruf hin nach München. Noch von Krumbach aus schreibt er an seine Tochter. Der Brief zeigt, wie sehr ihm die Schwierigkeiten der kommenden Wochen und Monate bewusst sind:

„Wir haben eine ungeheure Aufgabe, die dadurch noch schwerer gemacht ist, dass nach all den Qualen, die den Menschen die Ausdauer genommen haben, der Sieg über die alten Mächte so spielend leicht war. So stehen wir vor der größten Wandlung, ohne dass die meisten innerlich bereitet und gewandelt sind."73

Noch kritischer schreibt er an Auguste Hauschner am 15. November, dass sich für ihn „noch absolut gar nichts in der Welt geändert" habe und lediglich die „Möglichkeit zur Änderung" da sei. Von der erfolgten Revolution alleine verspricht er sich noch gar nichts, was einsetzten müsse und was sein Wirken der nächsten Zeit sein werde, sind ein wirklicher Wandel in den Menschen und das Abschaffen der alten Ordnung des „Tote[n] und Vermoderte[n]".74 Klar ist ihm, dass der revolutionäre Umsturz nur der erste Schritt gewesen sein kann und es jetzt vor allem gilt, die Menschen zu erreichen. Trotz seiner Zweifel will er am gesellschaftli-

Gustav Landauer, 1918

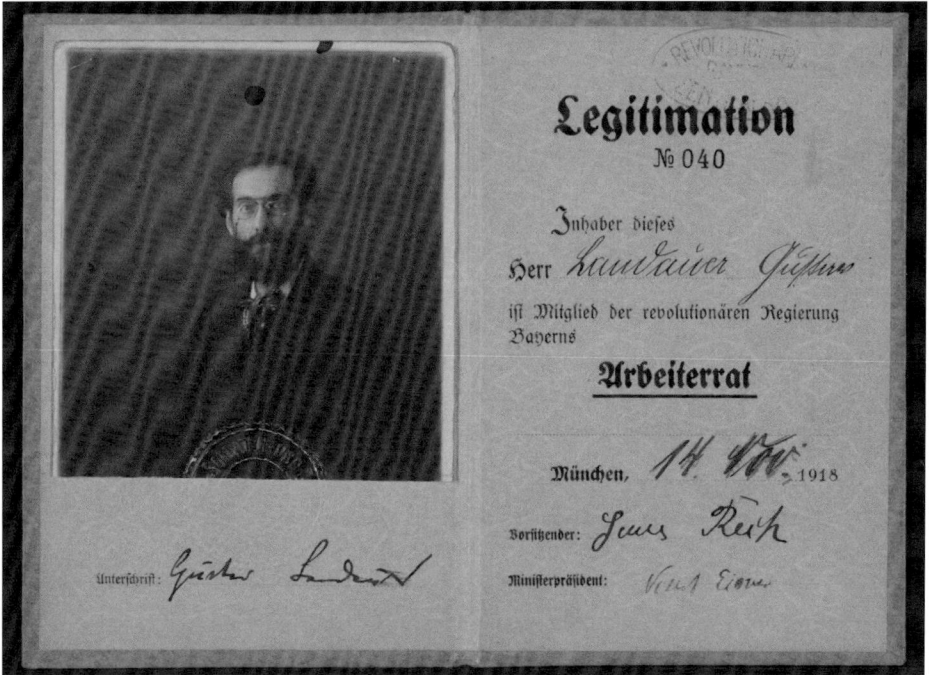

Ausweis Landauers als Mitglied der revolutionären Regierung Bayerns, ausgestellt am 14. November 1918

chen Neuaufbau mitarbeiten und wirbt für das Rätesystem. Er ist Mitglied im Revolutionären Arbeiterrat, im Arbeiter-, Bauern- und Soldatenrat und im Provisorischen Nationalrat. Neben der Verwirklichung des Rätegedankens erhofft er sich die Umsetzung seiner Siedlungsidee.[75] Besonders in der Frage nach der Einbeziehung der Räte in die Regierung ist er immer wieder uneinig mit Eisner, der seiner Meinung nach zu sehr am Parlamentarismus festhält. Vom Prinzip der Wahl hält Landauer wenig – seiner Ansicht nach werde so dem Volk nur das Gefühl gegeben, mitzuwirken, tatsächlich aber werde nichts an den Machtstrukturen geändert: „Demokratie, Selbstbestimmung des Volkes und der einzelnen Gliederungen im Volk, ist ganz etwas anderes als der verruchte Wahlunsinn, welcher Abdankung des Volkes und Regierung durch eine Oligarchie ist."[76] Über Dezentralisierung, Selbstverwaltung und das Prinzip der Arbeiter-, Bauern-, und Soldatenräte sei die Beteiligung aller viel eher sichergestellt. Sein Flugblatt *Die vereinigten Republiken Deutschlands und ihre Verfassung* schickt Landauer im Januar 1919 auch an Eisner und spricht ihm eine dringende Warnung aus, die Revolution nicht durch die Wahlen wieder von der direkten Beteiligung des Volkes, wie sie über die Rätebewegung möglich sei, zu trennen. Im Begleitbrief schreibt er:

> „Nur diese Bewegung kann uns vor der Entente, vor dem Zusammenbruch der Revolution, vor den neugewählten Altparlamenten retten. Die Revolution, wenn sie nicht zwischen Parteiparlamentarismus (Gegenrevolution) und sozialen Aufruhrbewegungen verzweifelster und mißleitendster Art zerrieben werden soll, braucht eine neue große politische Parole; hier ist sie. Da wird der bei weitem größte Teil des deutschen Volkes aller Schichten einig sein. Übernehmen wir die Führung! Die Zeit ist da; Bayern ist dazu berufen. Und mit dieser Sache ist alles, echte Demokratie und echter Sozialismus verbunden, alles, was wir retten und bauen wollen."[77]

An anderer Stelle konkretisiert er seine Ablehnung des Parlamentarismus noch einmal: Er sei in einem Vertretersystem dafür, dass „die, die das Mandat bekommen, und die, die das Mandat erteilt haben, in dauernder Verbindung bleiben", die Delegierten also jederzeit zurückgezogen und ausgetauscht werden können.[78] Bereits im November spricht er sich gegen die Wahl zur Nationalversammlung aus und betont, dass die Dinge „noch im Werden, im Wachsen" seien und er vor allem in Berlin und Preußen die Zeit noch nicht für gekommen halte. Er fasst noch einmal seine Sicht auf das Zustandekommen der Revolution zusammen:

> „Der Geist, meine Herren Intellektuellen, der Geist hat das alte Reich gestürzt und die Gliederung des neuen, die in Ausbildung sind, ins Leben gerufen; der Geist, der unseren herrlichen, unseren gepeinigten Soldaten, eine Schar Arbeiter und junge Leute und einigen unverwüstlichen Freiheitskämpfern unsterblicher Jugend in die Hände und, wo's einen Augenblick Not tat, in die Fäuste gefahren ist. Er ist diesmal so, wie er in allen Revolutionen gewesen ist: Er braucht und kann nicht mehr gefragt werden, ob die Menschen, die die neuen Grundlagen errichten, eine alte Mehrheit oder Minderheit vertreten: Sie vertreten als Wirkungsmächtige, was vorher die Propheten als ganz vereinsamte vertreten hatten: das Neue, das Werdende, das, was die Welt vorwärts bringt und beglückt; [...]."[79]

Davon ausgehend betont er, dass dieses Werdende Zeit brauche, sich zu entwickeln, bevor das Zusammentreten zu einer Nationalversammlung sinnvoll sei:

Notizbuch Gustav Landauers, 1918–1919

„Was da im Werden ist und neue Einrichtungen schaffen wird, Einrichtungen der neuen Demokratie und des Weges zum Sozialismus, welche neuen Geist und mit ihm auch neue Parteien im Gefolge haben müssen, das wird und soll jetzt beginnen und angebahnt werden, [...]."[80]

Die Notwendigkeit von mehr Zeit betont Landauer immer wieder; Eisner lasse sich – auch wegen des Drucks von verschiedenen Seiten – zu sehr drängen. Trotz der Differenzen ist die Zusammenarbeit zwischen den beiden eng. Landauer ist fast ständig in München, lebt hier im Hotel und ist mit seinen Kindern, die vorerst in Kulmbach bleiben, brieflich in Kontakt. Notizbücher in seinem Nachlass lassen die Schwierigkeit der Organisation des Lebens zwischen Kulmbach und München erkennen. Hier schreibt er sich Zugverbindungen, lesenswerte Bücher, Münchner Adressen, Termine und Stichpunkte für Reden auf. Die notierten Besorgungsaufträge, wie Kerzen, Stopfzeug, Wolle, zeigen die Schwierigkeiten der Versorgung und den engen Zusammenhalt zwischen den Familien Landauer und Eisner, aber auch die Freundschaft mit dem Ehepaar Mühsam. Weihnachten 1918 feiern die Familien Landauer und Eisner zusammen. Landauer plant den Umzug seiner Familie nach München.

Im Januar 1919 erscheint seine zweibändige Ausgabe *Briefe aus der französischen Revolution*. Zudem verfasst er ein Vorwort für die Neuauflage seines *Aufruf zum Sozialismus*, das er nach sachlichen Ausführungen in beinah hymnischem Ton enden und bildsprachlich an die aus seinen literarischen Texten vertrauten Darstellungen des Prophetischen anschließen lässt:

„So sind wir mit einem Schlag, mit dem Schlag, der uns traf, zur Führung gekommen. Zum Sozialismus sollen wir führen; wie anders könnten wir führen als durch unser Beispiel? Das Chaos ist da; neue Regsamkeit und Erschütterung zeigt sich an; die Geister erwachen; die Seelen heben sich zur Verantwortung, die Hände zur Tat; möge aus der Revolution die Wiedergeburt kommen; möge, da wir nichts so sehr brauchen als neue, reine Menschen, die aus dem Unbekannten, dem Dunkel, der Tiefe aufsteigen, mögen diese Erneuerer, Reiniger, Retter, unserem Volk nicht fehlen; möge die Revolution lange leben und wachsen und sich in schweren, in wundervollen Jahren zu neuen Stufen steigern; [...]."[81]

Die Zuversicht, die er hier vertritt, wird sich in der Realität bald verdüstern. Im Februar des Jahres 1919 gewinnt die von Landauer und Mühsam vertretene Forderung nach dem Rätesystem zunehmend an Unterstützung in der Bevölkerung. Am 16. Februar spricht Landauer auf einer großen vom Revolutionären Arbeiterrat organisierten Demonstration, richtet sich gegen die Mehrheitssozialisten und Eisners Politik der Kompromisse und fordert stattdessen das Rätesystem. In einem Brief an seine Kinder beschreibt er die Stimmung, die ihn mit Hoffnung erfüllt:

Gustav Landauer und Erich Mühsam demonstrieren auf der Theresienwiese für das Rätesystem, 16. Februar 1919 (Foto: Heinrich Hoffmann)

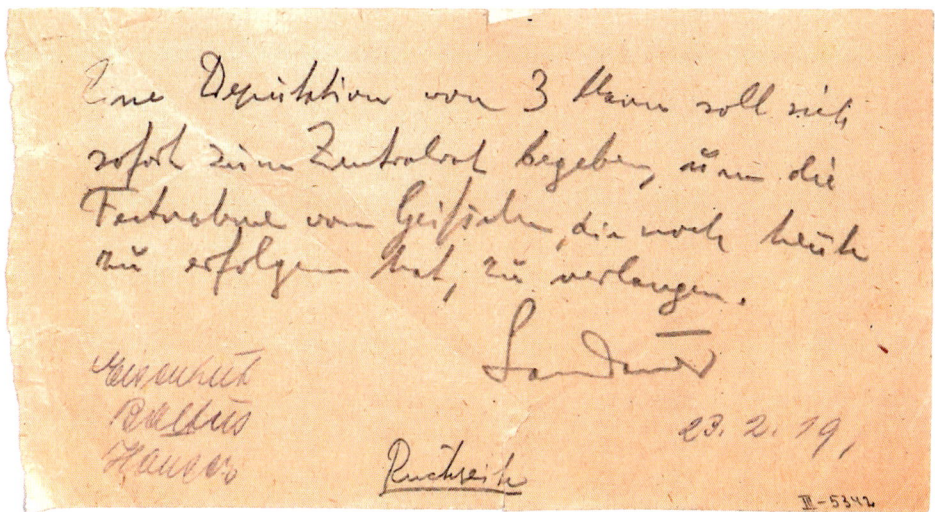

Gustav Landauer: Anweisung an den Zentralrat, 23. Februar 1919

„Die Demonstration war großartig; der Vorbeimarsch dauerte über eine Stunde; alles wehte von roten Fahnen, eine Unzahl Tafeln mit Inschriften; ganz München erdröhnte von den Rufen ‚Hoch ...' und ‚Nieder ...', die rhythmisch aus den Gruppen kamen; und dazwischen wurden revolutionäre Lieder gesungen. Es waren mindestens 80 000 Menschen im Zug [...] Die Demonstration wird ihren Eindruck nicht verfehlen."[82]

Kurz darauf führt jedoch die zunehmende reaktionäre Kritik und anwachsende rechte Hetze zur Ermordung Eisners. Der Tag des Mordes, der 21. Februar 1919, ist auch der erste Todestag Hedwig Lachmanns, weswegen Landauer in Kulmbach bei den Kindern ist, sich aber, als er von den Ereignissen in München erfährt, schnellstmöglich auf den Rückweg macht. In Folge der Ermordung beantragt er die Besetzung der Universität und ihre Durchsuchung nach Waffen, um wenigstens die aus dem akademischen Umfeld kommenden starken Kräfte der Gegenrevolution einzubremsen.

Bei der Trauerfeier am Ostfriedhof hält er die Trauerrede, die in fast allen Münchner Zeitungen abgedruckt wird. Er zitiert dabei erstaunlicherweise mehr den Dichter Eisner als den Politiker: Anhand von Versen, die Eisner in seiner Jugend gedichtet hat, zeigt er dessen Liebe zur Menschheit und betont dessen Drang, sich für die Verwirklichung seiner Ziele – auch mit dem Wissen um die Gefahr, in die er sich begab – einzusetzen:

„Kurt Eisner, der Jude, war ein Prophet, der unbarmherzig mit den kleinmütigen, erbärmlichen Menschen gerungen hat, weil er die Menschheit liebte und an sie glaubte und sie wollte. Er war ein Prophet, weil er mit den Armen und Getretenen fühlte und die Möglichkeit, die Notwendigkeit schaute, der Not und Knechtung ein Ende zu machen. Er war ein Prophet, weil er ein Erkennender war, dieser Dichter, der zugleich von der Schönheit, die kommen sollte, träumte und den harten, bösen Tatsachen unerschrocken ins Gesicht sah."[83]

Das, was er hier an Eisner als Dichter lobt, deckt sich mit seinem Selbstverständnis von der Verantwortung des Schriftstellers, wie er es bereits im Oktober 1918 in *Eine Ansprache*

Gustav Landauer bei der Trauerfeier für Kurt Eisner am Ostfriedhof, 26. Februar 1919 (Foto: Heinrich Hoffmann)

an die Dichter formuliert. Auch hier sprechen das Prophetische und das Erkennende des Dichters diesem eine gesellschaftliche Führungsrolle zu. Zentral für den Dichter ist dabei der sehende Moment, der meist plötzlich über ihn kommt:

„[…] über einen kommt die Begeisterung, er redet feurig, innig, es kommen die Bilder, er ringt, er gestaltet, er ballt Formen zusammen, wie in Zuckungen oder Krämpfen kommen die Rhythmen, es ist wie wenn das Zwerchfell wogt oder die Tränendrüsen ihre heißen Tropfen aus sich pressen müssen, die Rede tanzt wie die Glieder seines Leibes: das ist eine plane, ebenmäßige, natürliche Sache, wenn es schon schaudervoll ist."[84]

So ist der Dichter in der Lage, „ohne Unterbrechung des Flusses" „das Gelebte, wie es gerade zum Gesagten geriet", festzuhalten. Das so entstehende Werk ist – anders als der erlebte Moment – etwas Wiederholbares. Eine „einmalige Überwältigung" wird eingefangen in einem Moment, in dem „die Bewußtheit und Zwecksetzung" „in den Bereich des Traums, der Entrücktheit und Verrücktheit" eingreift. Landauer spricht sich gegen die gerade herrschende Tendenz aus, „den Dichter, indem man ihn den Geistigen nennt", „zur Führung der allgemeinen Volkangelegenheit" zu berufen. Der wahre Grund für sein Zusammenwirken mit dem Volk müsse in dem zuvor beschriebenen Moment liegen. „Volk und Dichter" sollen zusammenkommen, „beide zusammen müssen einander helfen". Der Dichter solle sich nicht mit einem Führungsanspruch über das Volk stellen, sondern mitten unter ihm sein:

„Der Dichter braucht für sich auch, was im Volk geschaffen werden muss: er braucht eine würdige Umgebung, die Luft der Freiheit und der Selbstbestimmung des Volkes und seiner Gliederung soll ihn umwehen, dazu mitzuhelfen, ist er von seiner eigenen Not aufgefordert: jeder ist vor allem an den Zuständen und Einrichtungen der Öffentlichkeit zu schaffen berufen, die er braucht."

Wenn der Dichter nun unter den Menschen sei, könne er die „gestaltenden Kräfte", die er „vom Bau am Werk der Phantasie" habe, „an die Wirklichkeit des öffentlichen Lebens" lassen. In der Phase der Erholung nach einem dichterischen Moment, wie dem oben beschriebenen, solle der Dichter „ins Leben hinausgehen". Hier unter den Menschen sei er in Wahrheit „wie ein lauerndes Raubtier", das schon wieder Anregung suche. Genau das sei nun wichtig, da er so ein „Wartender, ein Suchender" sei, im rechten Moment ein „schnell Erfassender". Wenn dann „seine Stunde ihn herrlich überfällt", könne er als „Dichter und Prophet unter seinem Volke" stehen. In diesem Moment reiße die Begeisterung ihn hin. Hier bringt Landauer nun die Ereignisse in Zusammenhang mit der Französischen Revolution und setzt den Moment der Begeisterung des Dichters mit dem revolutionären Moment gleich. Dieser „Schwung" sei auch im deutschen Volk notwendig, und „der Dichter, der Einzelne, der Religiöse könnte ihn in sich tragen, über die anderen ergießen und das in jedem Verborgene, das Menschentum erwecken". Gleichzeitig sei der Dichter ein Isolierter und somit auch ein „Widerspruchsgeist". Angesichts der Französischen Revolution kann Landauer sich vorstellen, dass der Dichter im Moment des Umschwungs derjenige gewesen sei, der innegehalten und auf einer Festlegung beharrt habe. Er fasst zusammen:

> „Der Dichter ist der Führer im Chor, er ist aber auch – wie ein Solotenor, der in der Neunten über die einheitlich rufenden Chormassen hinweg unerbittlichen Schwunges seine eigene Weise singt – der herrlich Isolierte, der sich gegen die Menge behauptet. Er ist der ewige Empörer. In der Revolutionszeit kann er der Vorderste sein, so sehr der Vorderste, dass er der erste ist, der wieder auf die Erhaltung, des neu Errungen wie des ewigen Bleibenden drängt."

Die „Bereitschaft zur Erschütterung" des Dichters, die er für den dichterischen Moment brauche, sei es, was im Volk „die immer wiederkehrende Erneuerung" anstoßen könne: „wir brauchen den Frühling, den Wahn und den Rausch und die Tollheit, wir brauchen – wieder und wieder und wieder – die Revolution, wir brauchen den Dichter". Landauer hält diesen Vortrag 1917 und 1918, gedruckt wird er erst 1919. Gerade als das Elend des Krieges immer drückender wird, appelliert er also an den politischen Auftrag des Dichters. Der Text zeigt seinen Glauben an die politische Fähigkeit der poetischen Sprache. Nach Corinna Kaiser ist in diesem Zusammenhang auch die politische Komponente seiner Sprachkritik zu berücksichtigen. Bevor die Dichter zu Protagonisten der Revolution werden können, müssen sie ihre Sprache gefunden haben, also auch hier schon die Erneuerung erfahren und die alten verfestigten Kategorien abgelegt haben.[85] Die Sprache wird bei Landauer in diesem Zusammenhang mit der Musik verbunden. Er bezieht sich auf Tenor und Chor in Beethovens 9. Symphonie, zum einen, um den Bezug zur Französischen Revolution, der auch in ihr steckt, noch einmal zu vertiefen, zum anderen, um die Grenzen der Sprache zu verlassen. Wie im vorherigen Kapitel aufgezeigt, bezieht auch Eisner sich immer wieder auf Beethoven. Landauers Gedächtnisrede auf Eisner, die dessen Prophetisches so sehr hervorhebt, zeigt, dass er in ihm einen Poeten im Sinne seiner Konzeption in der *Ansprache an die Dichter* gesehen hat.

Abseits von der Erschütterung über Eisners Tod gilt es nun, das entstandene Machtvakuum zu füllen. Die geplante Konstituierung des Landtags konnte wegen dessen Ermordung

3 REVOLUTIONÄRE SCHRIFTSTELLER FÜR DEMOKRATIE UND MENSCHLICHKEIT

nicht mehr stattfinden. Vom 25. Februar bis zum 8. März tagt nun der Kongress der Arbeiter-, Bauern- und Soldatenräte, an dem Landauer teilnimmt. Die politische Lage spitzt sich zu und kurz nachdem die Regierung unter Johannes Hoffmann von der SPD bestätigt ist, entschließen sich die radikalen Kräfte aus dem Umfeld Landauers und Mühsams zur Proklamation der Räterepublik am 7. April 1919. Der Revolutionäre Zentralrat Baierns ist nun die stärkste Kraft, in den ersten beiden Tagen unter dem Vorsitz von Ernst Niekisch, dann unter Ernst Toller als USPD-Vorsitzendem. Landauer wird zum Volksbeauftragten für Volksaufklärung, Unterricht, Wissenschaft und Künste. An Fritz Mauthner schreibt er: „Lässt man mir ein paar Wochen Zeit, so hoffe ich, etwas zu leisten; aber leicht möglich, dass es nur ein paar Tage sind, und dann war es ein Traum."86

Die gewünschte Zeit hat er nicht, schon nach einer Woche endet am 13. April 1919 durch einen Putschversuch republikanischer Schutztruppen die erste Räterepublik. In der kurzen Phase seines Amtes kümmert Landauer sich vor allem um das Schulsystem, die Hochschulen und das Theater, Bereiche, in denen die Bildung des politischen Bewusstseins der Menschen vorangebracht werden soll. Er plant die Einführung von Einheitsschulen für alle Kinder vom 7. bis zum 13. Lebensjahr. Vor allem soll der autoritäre Geist aus den Schulen verschwinden. Die Fächer Kunst und Sport bekommen eine größere Bedeutung, und seiner grundsätzlichen Ablehnung von Gewalt entsprechend schafft er die Prügelstrafe ab: Die Kinder sollen zu kritischen Freigeistern heranwachsen.

An den Universitäten will er die Selbstbestimmung einführen, der Revolutionäre Hochschulrat soll die Verwaltung übernehmen. Sowohl unter Studierenden wie unter Lehrenden ist jedoch der konservative Widerstand zu groß.

Plakat der Kreisstelle München für Aufklärung und Volksbildung, 1919

Auch das Theater will Landauer der Selbstverwaltung übergeben und es gleichzeitig stärker für die Bevölkerung öffnen, denn „die Bühne hat in den Zeiten, die kommen eine wundervolle Aufgabe" – „die Brücke zwischen dem Bild der Menschheit, wie es die Kunst aufbaut, und den wimmelnden Menschenhaufen, die Gestalt werden sollen, ist die Bühne".87 Das Prinzregententheater soll zum Volkstheater werden, und mit dem Aktionsausschuss revolutionärer Künstler führt Landauer schon Gespräche über die Selbstverwaltung. Auf Plakaten und Flugblättern zeigt sich, dass bereits erste Veranstaltungen konkret für die Arbeiter eingeführt werden, etwa die sogenannten „Feierabende" im Deutschen Theater oder eine Sonderaufführung von Schillers *Kabale und Liebe*.

Zentral ist auch die Umstrukturierung im Bereich der Presse. Die Rolle der gegenrevolutionären Medien wird direkt nach der Ausrufung der Räterepublik im Appell „An die

Münchner Bevölkerung", den der Revolutionäre Zentralrat in der Räte-Republik Baiern am 8. April veröffentlicht, thematisiert. Landauer zählt zu den Unterzeichnern. Im Text heißt es:

„[...] Mit strengen Strafen durch das Revolutionstribunal sofort abgeurteilt wird, der gegenrevolutionäre Umtriebe anzettelt, wer Druckschriften verbreitet, auf denen für Abfassung und Druck Verantwortliche sich nicht nennen, wer Gerüchte verbreitet, welche die öffentliche Sicherheit gefährden, wer zu einer Form des Bürgerstreiks auffordert und sich derart daran beteiligt, dass Gesundheit und Wohl der arbeitenden Bevölkerung bedroht sind. Wir haben den sicheren Nachweis, dass die massenhaft verbreiteten anonymen Flugblätter, in denen schamlos Judenhetze getrieben wird, und deren Ergebnis sein könnte und sein soll, dass es zu schweren Ausschreitungen gegen die jüdische Bevölkerung kommt, aus Norddeutschland hierher geschickt worden sind in der bewussten Absicht, hier in der Hauptstadt Baierns blutige Zusammenstöße und Zustände hervorzurufen, [...]."[88]

Am selben Tag wird der vom Schriftsteller Ret Marut gemeinsam mit Landauer ausgearbeitete Plan zur Sozialisierung der Presse verabschiedet. Marut schreibt in seiner eigenen Zeitschrift *Der Ziegelbrenner* schon lange gegen die kapitalistischen Strukturen im Pressesystem an und trägt nun die Verantwortung für die Zensur der bürgerlichen Presse. Ziel ist es, im Geiste der Pressefreiheit nicht die gegenrevolutionären Artikel zu unterdrücken, sondern durch Gegendarstellungen zu entkräften. Am 10. April schreibt er in den *Münchner Neuesten Nachrichten* unter dem Titel *Pressefreiheit oder Befreiung der Presse*: „Pressefreiheit, das Recht seine Meinung frei und unbehindert äußern zu können, ist das höchste Gut, das Volksgenossen besitzen."[89]

Auch Landauer teilt diese Kritik an der schädlichen Wirkung der bürgerlichen Presse und unterstützt deren Zensur. Schon lange schreibt er unter anderem in den Briefen an seine Kinder und Freunde immer wieder über die Lügen, die die Zeitungen über ihn verbreiten, und bittet vor allem die Kinder, diesen keinen Glauben zu schenken.[90] Ab dem 9. April werden die *Münchner Neuesten Nachrichten* als Organ des Revolutionären Zentral-

Julie Wolfthorn: Gustav Landauer, Öl auf Leinwand, 1908. Das Gemälde ist ein Geburtstagsgeschenk für seine Frau Hedwig Lachmann, mit der sie eng befreundet ist.

Jede Revolution, jede Befreiung des Menschen verfehlt ihren Zweck, wenn nicht zuerst die Presse erbarmungslos vernichtet wird.
Ret Marut, Der Ziegelbrenner, 1920

rats übernommen. Ganz im Sinne Landauers werden hier nun nicht nur die Erklärungen der Räte veröffentlicht, sondern auch Kunst, Kultur und revolutionäres Gedankengut vermittelt. Unter anderem werden Texte von Rosa Luxemburg, Max Stirner, Walt Whitman, übersetzt von Landauer selbst, und mehrere Holzschnitte von Alois Wach abgedruckt.

Der grundsätzliche Charakter von Landauers ersten Schritten zeigt sich auch in der Mitteilung, die er am 12. April an die bisherigen Mitarbeiter seines Ministeriums richtet:

> *Es geht jetzt um die völlige Umgestaltung aller dem Geist dienenden Einrichtungen des Gemeinwesens. [...] Unter Räterepublik ist nichts anderes zu verstehen, als daß das, was im Geiste lebt, und nach Verwirklichung drängt, nach irgendwelcher Möglichkeit durchgeführt wird.*
> Gustav Landauer, 1919

„Durch eine völlige Dezentralisation wird in Zukunft dafür gesorgt werden müssen, daß die Staatsgehilfen, die berufen sind, das Ganze im Auge zu haben, sich nicht in Einzelheiten des Bezirkes, der Stadt und des Dorfes verlieren. Kommt so vielleicht manchmal die Einheitlichkeit des Geschäftsgebarens zu kurz, so gewinnen wir andererseits dadurch, daß die Entscheidungen von jenen gefällt werden, die die tatsächlichen Verhältnisse kennen, und Buntheit ist kein Fehler für den, dem nicht juristisches und legislatives Denken das Höchste ist. [...] Wenn man uns in unserer Arbeit nicht stört, so bedeutet das, keine Gewalttätigkeit; nur die Gewalt des Geistes wird aus Hirn und Herzen in die Hand aus den Händen in die Einrichtungen der Außenwelt hineingehen."[91]

Am Tag, an dem er diese Mitteilung verfasst, findet die letzte Sitzung des Revolutionären Zentralrats statt. Am 13. April beendet ein Putschversuch der Republikanischen Schutztruppe die erste Räterepublik. An der darauffolgenden zweiten, kommunistischen Räterepublik unter dem Münchner KPD-Vorsitzenden Eugen Leviné arbeitet Landauer nach anfänglichen Bemühungen nicht mehr mit:

> *Es hat in Deutschland in der Zeit seiner größten Gottesferne einen Mann gegeben, der wie kein anderer Mensch dieses Landes zur Umkehr aufrief. Um einer kommenden Menschheit willen, die seine Seele schaute und begehrte, stritt er gegen die Unmenschlichkeit, in der er leben musste.*
> Martin Buber, Landauer und die Revolution, 1919

„Ich habe mich um der Sache der Befreiung und des schönen Menschenlebens willen der Räterepublik weiter zur Verfügung gestellt. [...] Inzwischen habe ich Sie am Werke gesehen, habe Ihre Aufklärung, Ihre Art, den Kampf zu führen, kennengelernt. [...] Ich verstehe unter dem Kampf, der Zustände schaffen will, die jedem Menschen gestatten, an den Gütern der Erde und der Kultur teilzunehmen, etwas anderes als Sie."[92]

Er zieht sich daraufhin zurück und lebt in den folgenden Tagen bei Eisners Witwe im Münchner Vorort Großhadern.

ERICH MÜHSAM – ANARCHIST, DER EINIGKEIT FORDERT

„Die Wut gegen den vertrottelten Konventionsdrill der Gesellschaft"

Erich Mühsam wird 1878 in Lübeck geboren. Als er sich 1909 im Alter von 30 Jahren in München niederlässt, hat er bereits in Berlin, Ascona und auf Wanderschaft versucht, neue Formen des gesellschaftlichen Zusammenlebens umzusetzen. Schon weit vor der Revolution ist er von der „Sehnsucht nach einer idealen Menschheitskultur"[93] geleitet.

Stets wirken sein Schreiben, Handeln und politisches Denken dabei zusammen. In seinem Verständnis der Bohème kommt die Verbindung von Literatur und Politik deutlich zum Ausdruck. Er wehrt sich jedoch entschieden dagegen, rein wegen seines Lebenswandels oder Auftretens als Bohemien bezeichnet zu werden. Das Bohèmeleben hat für ihn stets eine politische Dimension; seine antibürgerliche Haltung steht in enger Verbindung zu seinen anarchistischen Überzeugungen – etwa setzt er sich 1905 in seiner Broschüre *Ascona* neben seiner Stellungnahme zur dortigen Lebensreformbewegung auch mit

Erich Mühsam, um 1920

der Verwendung des Begriffes Bohème in „deutschen Literaturkreisen" auseinander.[94] Vor dem Hintergrund derer, die sich aus dem bloßen Wunsch, sich interessant zu machen, als Bohemiens bezeichnen, während sie eigentlich bürgerlich sind, mache es ihn „beinahe schamrot", auch als Bohemien zu gelten. Für ihn entsteht die antibürgerliche Abgrenzung der Bohème aus der Verzweiflung heraus, „mit der Masse der Mitmenschen innerlich nie Fühlung gewinnen zu können"[95]. Hieraus leite sich die enge Verbindung von Künstlern und Proletariat ab. Die Vereinzelung sei auch das, was ein ungebrochen kritisches Denken ermögliche: „Was in Wahrheit den Bohemien ausmacht, ist die radikale Skepsis in der Weltbetrachtung, die gründliche Negation aller konventioneller Werte, das nihilistische

3 REVOLUTIONÄRE SCHRIFTSTELLER FÜR DEMOKRATIE UND MENSCHLICHKEIT

Während der Drucklegung eingelaufen:
Staatsminister des K. Hauses und des Äussern Exc. Freiherr Georg von Hertling schreibt:
»Ich habe mit vielem Interesse von dem mir übersandten Entwurf einer Rundfrage zu dem von Ihnen demnächst herauszugebenden Werke ›Geistiges und künstlerisches München 1913‹ Kenntnis genommen und wünsche Ihrem Unternehmen vollen Erfolg.«

Bibliothek des Stadtrats München

I. Namen, Vornamen, Titel, Stand, Beruf, Zugehörigkeit zu einer gelehrten, künstlerischen oder anderen bekannten Gesellschaft, Konfession, Adresse.

II. Anhaltspunkte zur Abfassung der Selbstbiographie. (Diejenigen Herren, welche die Freundlichkeit haben, eine grössere, bis 180 Zeilen umfassende Autobiographie beizusteuern, werden gebeten, diese als Beilage miteinzusenden.) Geburtsjahr und Ort, Stand und Wohnort der Eltern, Bedeutende Vorfahren, Verheiratet seit wann und mit wem, Eltern oder bedeutende Familienangehörigen des anderen Ehegatten. Namen, Geburtsjahr und Stand der Kinder. Äusserer und innerer Bildungsgang mit denkwürdigen Momenten aus dem Leben.

III. Im Buchhandel erschienene Schriften, Teilnahme an gelehrten und anderen Zeitschriften. **Kunstwerke**.

Gesichtspunkte
(Raum für 90 Druckzeilen)

Erich Mühsam: Selbstbiographie, um 1911

Temperament", schreibt er auch 1906 in seinem Artikel *Die Bohème* in der *Fackel*.[96] Der Bruch mit den bürgerlichen Konventionen ist für ihn nicht nur Teil seiner künstlerischen Existenz, sondern die bohèmetypische Hinwendung zu den Menschen am Rande der bürgerlichen Gesellschaft folgt einer klaren politischen Überzeugung. In einem Brief an den befreundeten Münchner Bibliophilen Carl Georg von Maassen beschreibt er später seine „tiefe Solidarität mit dem proletarischen Volk", die er trotz „[s]einer bourgeoisen Herkunft schon als Kind empfunden" habe und die er schon „20 Jahre lang in öffentlicher Agitation bekunde".[97] Der „Freiheitsdrang, der den Mut findet, gesellschaftliche Bindungen zu durchbrechen und sich die Lebensformen zu schaffen, die der eigenen inneren Entwicklung die geringsten Widerstände entgegensetzten", müsse sich „in Arbeit für die soziale Befreiung umsetz[en]."[98] Dem entsprechend endet schon der Artikel von 1906 mit den Worten: „Verbrecher, Landstreicher, Huren und Künstler – das ist die Bohème, die einer neuen Kultur die Wege weist."[99]

> *Ich war Anarchist, ehe ich wußte, was Anarchismus ist; ich war Sozialist und Kommunist, als ich anfing, die Ursprünge der Ungerechtigkeit im sozialen Betriebe zu begreifen.*
> Erich Mühsam, Selbstbiographie, 1919

Diese beständige Suche nach neuen Formen des gesellschaftlichen Zusammenlebens, die entgegen den kapitalistischen Strukturen alle Menschen, die Arbeiter und darüber hinaus alle Teile des Proletariats, einschließt, führt Mühsam zu den verschiedensten Gruppen. Noch in Berlin schließt er sich der *Neuen Gemeinschaft* um die Brüder Hart an, hier gewinnt er „Fühlung zu Persönlichkeiten der Literatur und des revolutionären Lebens",

> *So will unsere Gemeinschaft nicht Revolution, sie ist Revolution. Aber sie hat den alten negativen Sinn der Revolution überwunden; Revolution heißt für uns nicht alte Dinge stürzen, sondern neue Dinge leben. Wir sind nicht zerstörungssüchtig, sondern schaffenslustig.*
> Erich Mühsam über das Programm der „Neuen Gemeinschaft", um 1900

Erich Mühsam (r.) am Monte Verità, 1904

wie er in seiner Selbstbiographie schreibt. Das Streben der Gruppe ist es, einen „neuen Menschen" zu formen, der im Rückbezug auf sich selbst und die Natur sein Ideal erreichen soll. Die Freiheit des Individuums und das Zusammenleben in der Gemeinschaft greifen dabei ineinander.[100] Mühsam erhofft sich hier eine baldige und konkrete Umsetzung neuer Formen des Zusammenlebens. Tatsächlich muss er jedoch schnell einsehen, dass die Versuche der Gruppe kaum über das theoretische Überlegen hinauskommen. Er beschreibt, dass die „Ideen und Prinzipien" bald in einer „Hotelpension mit ethischem Firmenschild" verendet seien.[101]

Eine enge Verbindung aus dieser Zeit bleibt ihm jedoch zu Landauer, dessen *Aufruf zum Sozialismus* prägenden Einfluss auf ihn hat. Landauers Konzept einer sozialistisch-anarchistischen Siedlungsidee wird ihm zum Vorbild, auf dessen Umsetzung er immer wieder hofft. Etwa hält er sich zeitweise gemeinsam mit Johannes Nohl, zu dem er eine erotisch geprägte Freundschaft hat, in der lebensreformerischen Siedlung am Monte Verità in Ascona auf. Das „Salatorium" schränkt ihn jedoch – auch wegen der rein vegetarischen und rohen Kost – auf Dauer zu sehr ein. Die Etappe der Wanderschaft endet schließlich in der Münchner Bohème.

„Verbrecher, Landstreicher, Huren und Künstler – das ist die Bohème, die einer neuen Kultur die Wege weist"

In München nun setzt Mühsam auf die Agitation des Proletariats. Zu diesem Zweck gründet er die *Gruppe Tat*, die sich an der Idee von Landauers anarchistischer Organisation, dem *Sozialistischen Bund*, orientiert. Vornehmlich sucht er hier seinem anarchistischen Bohème-Konzept entsprechend das „Lumpenproletariat", „die Ausgestoßenen der Gesellschaft"[102] zu erreichen und zu politisch Handelnden zu bilden.

In seinem Tagebuch lässt sich Mühsams Bemühen um die Verwirklichung revolutionärer und anarchistischer Gedanken in München nachverfolgen. Er versucht, Interessierte zusammenzubringen sowie Unterstützer zu finden, und sorgt sich besonders um den Fortbestand seiner *Gruppe Tat*. Im August 1910 notiert er, er wolle sich „um die Wiederbelebung"[103] der Gruppe kümmern, sei aber gleichzeitig damit beschäftigt, das nötige Geld für seinen Lebensunterhalt und die Freunde, die er mit versorge, zusammenzubekommen. Aufgrund des ständigen Konflikts mit seinem Vater und der Weigerung, sich in seinem Schreiben an mögliche Abnehmer anzupassen, lebt er mit dauernden finanziellen Schwierigkeiten. Da er von der bürgerlichen Presse wegen des Prozesses um ein Bombenattentat, das ihm fälschlicherweise zugeschrieben wurde, boykottiert wird, gründet er 1911 *Kain. Zeitschrift für Menschlichkeit* und fungiert nicht nur als Herausgeber, sondern auch als einziger Autor, wie er auf dem Titelblatt der ersten Ausgabe ankündigt: „Die Beiträge dieser Zeitschrift sind vom Herausgeber. Mitarbeiter dankend verbeten." Im Verweis auf den biblischen ausgestoßenen Kain wird wieder die Abgrenzung zur bürgerlichen Gesellschaft deutlich. Der Untertitel *Zeitschrift für Menschlichkeit* soll dabei keineswegs wohltätige Absichten deutlich machen, sondern zeigt das Ziel der Arbeit für eine „unverdorbene,

> *Daß aus Ahnung Freiheit werde,*
> *haltet, Künftige, euch bereit,*
> *Reinigt die entweihte Erde,*
> *helft ans Licht der neuen Zeit!!*
> Erich Mühsam, Gesang der jungen Anarchisten, 1925

natürliche, wechselseitige Einstellung der Menschen zueinander"[104]. Bis zum Beginn des Ersten Weltkriegs bemüht Mühsam sich trotz erheblicher finanzieller Schwierigkeiten um das regelmäßige Erscheinen des *Kain,* den er dann wegen der zu erwartenden Unvereinbarkeit mit der Kriegszensur einstellen muss.

Für die *Gruppe Tat* ist er weiterhin ständig auf der Suche nach möglichen Mitgliedern; junge Anarchisten, Studenten, die ihn aufsuchen, werden in Gedanken stets auf ihr Potential für die Gruppe untersucht. Etwa freut er sich über Alfred Henschkes „Idealismus", den er hofft, mit „revolutionärer Nahrung"[105] erhalten zu können.

Hoffnung setzt er auch in Oswald von Krobshofer, einen aus Prag stammenden Maler der Münchner Sezession, der, wie er selbst, Anarchist und Schachspieler ist. Dieser wendet sich mit der Bitte um Informationen zum *Sozialistischen Bund* an Mühsam und will mit Hilfe eines Onkels dem *Kain* finanzielle Unterstützung verschaffen. Im November 1911 kündigt er die nötigen 90 Mark für eine Versammlung an, die Mühsam unter dem Titel *Staat, Polizei und Abhilfe* im Saal der Schwabinger Brauerei plant. Im Dezember ist das Umfeld weit genug gewachsen und es gibt wieder eine Zusammenkunft der *Gruppe Tat* im *Gambrinus*. Mühsam plant nun wieder regelmäßige Versammlungen und spricht mehrmals auch bei der *Freien Vereinigung deutscher Gewerkschaften* über die Reichstagswahlen oder *Das Elend der Politik*. Oskar Maria Graf, der 1911 ebenfalls nach München kommt, erinnert sich an Mühsams glühende Reden:

> „Der dichte, zerzauste Schnurr- und Vollbart und die langen Haare erweckten den Eindruck, als sei sein Kopf viel zu groß und zu schwer. Er sprach geschwind, außerordentlich bildhaft, mitunter sehr sarkastisch, und als er gegen die Beteiligung des Arbeiters am Krieg und für die Verweigerung des Militärdienstes sprach, horchte ich auf."[106]

> *Wer pumpt mir noch? Wer pumpt mir noch? Wer pumpt mir einen Taler noch?*
> Erich Mühsam, Im Bruch

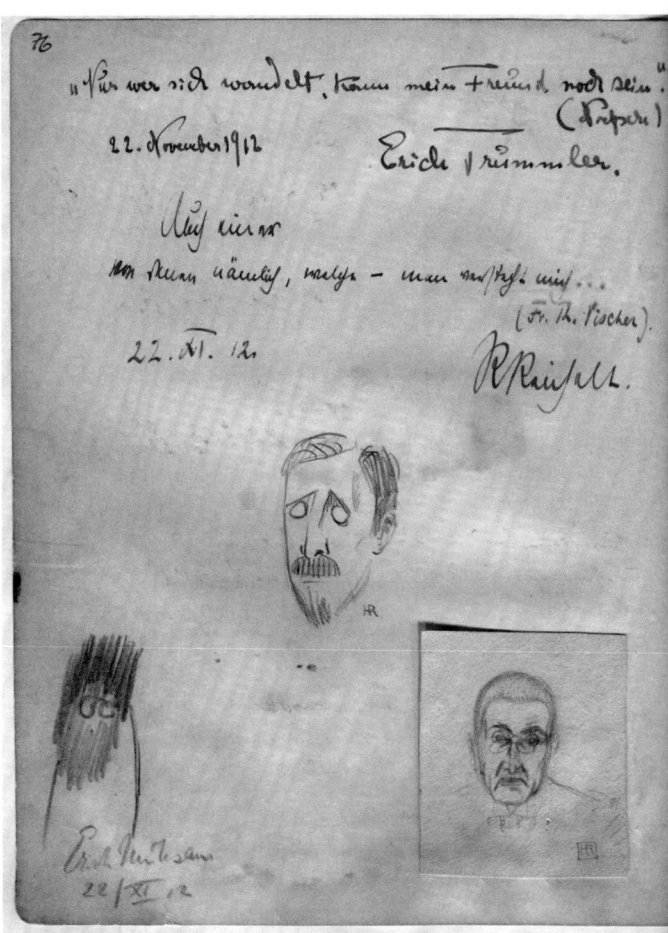

Gästebuch Artur Kutschers mit einem Selbstbildnis Erich Mühsams, 1912

3 REVOLUTIONÄRE SCHRIFTSTELLER FÜR DEMOKRATIE UND MENSCHLICHKEIT

Zeitschrift Die Revolution, *1913*

Nachdem die eigenen Gruppensitzungen aber weiterhin schlecht besucht sind, stellt Mühsam im Mai 1912 resigniert fest: „München ist kein Boden für eine revolutionäre Bewegung."[107]

Neben seiner politischen Arbeit erfährt er als Dichter Anerkennung in weiteren Kreisen. Regelmäßiger Gast ist er etwa im „Seminar" des Literatur- und Theaterwissenschaftlers Artur Kutscher. Kurze Gedichte, scherzhaft kritische Bemerkungen und Zeichnungen von Mühsam etwa in den Gästebüchern Artur Kutschers oder Carl Georg von Maassens zeigen, wie eng er in Künstler- und Literatenkreisen Münchens vernetzt ist.

Politik und Literatur stellen für Mühsam trotz der unterschiedlichen Kreise, in denen er sich jeweils bewegt, eine Einheit dar, der Kunst spricht er die Fähigkeit zu, Entwürfe für die Zukunft zu liefern. Als Reaktion auf die immer deutlicher werdenden politischen Krisen, die Kriegsgefahr durch den internationalen Imperialismus und das Erstarken proletarischer Bewegungen treten in seinen Gedichten die individualistischen Positionen zurück und machen Platz für Appelle zur Stärkung von Gemeinschaft und Wandel.[108] Sowohl politisch-theoretisch als auch künstlerisch geht es ihm schon weit vor 1918 um die Revolution. In der ersten Ausgabe der von Hans Leyboldt im Verlag Heinrich F. S. Bachmair 1913 herausgegebenen Zweiwochenschrift *Revolution* veröffentlicht er den Text *Revolution*. Die Platzierung gleich auf der ersten Seite und die Titelgleichheit zeigen, dass der Text hier als programmatische Aussage für die Zeitschrift, an der neben Bachmairs engem Freund Johannes R. Becher unter anderem Hugo Ball, Emmy Hennings, Klabund, Richard Huelsenbeck und Franz Jung beteiligt sind, stehen soll.

Die treibenden Kräfte der Revolution sind Überdruss und Sehnsucht, ihr Ausdruck ist Zerstörung und Aufrichtung.
Erich Mühsam, Revolution, 1913

Unter Rückgriff auf den russischen Anarchisten Bakunin nimmt Mühsam hier in provokantem Ton die politische Revolution vorweg, an der er wenige Jahre später in München beteiligt sein wird. Der revolutionäre Akt wird bildsprachlich gefasst als „das Bild […] eines ausbrechenden Vulkans, einer explodierenden Bombe oder auch einer entkleideten Nonne"[109]. Revolution entstehe, „wenn ein Zustand unhaltbar geworden ist", herrührend aus „den politischen oder sozialen Verhältnissen eines Landes, in einer geistigen oder religiösen Kultur"[110]. Vor allem auf der Ebene der Kunst fordert und begeht Mühsam hier den Bruch mit den Konventionen mit dem Ziel der Freiheit des Individuums.

„Weltbund gegen den Krieg"

Erich und Zenzl Mühsam, 1924

Fritz Schaefler: „Ehepaar Mühsam" Aquarell, 1919

Während er sich in seinen literarischen und publizistischen Kämpfen meist für eine Einzelgängerposition entscheidet, in der er seine Meinung uneingeschränkt vertreten kann, tritt in sein Privatleben neben die zahlreichen Damenbekanntschaften ab 1915 eine Konstante: die Ehefrau Kreszentia Elfinger, die er als „treuesten Kameraden", „tapfersten Kampfgenossen", als seine „Gefährtin in Glück und Not" beschreibt.[111] Das Paar bezieht eine Wohnung in der Münchner Georgenstraße. Der Dichter Martin Andersen Nexö, ein regelmäßiger Gast, beschreibt, dass „Erich und Zenzl um sich herum eine Welt geschaffen" hatten, „in der man die Luft einer neuen Zeit schon atmete."[112]

Während des Krieges fürchtet Mühsam die Zensur und wird regelmäßig bespitzelt. Als Gegner des in Deutschland herrschenden Militarismus steht er dem Krieg von Anfang an kritisch gegenüber. In seinem Schreiben zeigt sich noch einmal eine deutliche Hinwendung zum Politischen. Besonders in den Tagebüchern wandelt sich sein Bericht von der Beschreibung amouröser Begebenheiten und Geselligkeiten der Kreise im *Simplicissimus*, der *Torggelstube* und den anderen Treffpunkten der Münchner Bohème hin zu einer differenzierten Auseinandersetzung mit den Geschehnissen des Krieges. Die Aufzeichnungen können trotz des privaten Charakters der Textform für Rückschlüsse über sein Schreiben herangezogen werden, da hier wiederholt auch die Möglichkeit einer späteren Veröffentlichung behandelt wird. Mühsam bezeichnet die Notizen als einen „Materialschatz", den er nach dem Ende der Kriegszensur, nach der „Befreiung vom Maulkorb" zu verwerten plant.[113] Das Tagebuch dient ihm hier als Hilfsmittel für eine genaue Beobachtung der Berichterstattung in der Presse, wiederholt hält er Widersprüchliches, Fehlinformationen und propagandistische Scheinwahrheiten fest. Auch in der Lyrikproduktion dieser Phase räumen die erotisch-anzüglichen Gedichte einer Vielzahl an kriegskritischen Texten Platz ein. In *An die Dichter* von 1916 appelliert er gerade vor dem Hintergrund des Krieges an die Poeten, sich der Realität zuzuwenden und für den Frieden einzutreten.

> Wir Dichter haben viel zu lang
> mit kleinem Schicksal uns gebrüstet.
> Wenn uns im Wald ein Vogel sang,
> wenn Sehnsucht unser Herz umschlang,
> dem's wohl nach einem Weib gelüstet, -
> dann hielt die Welt den Atem ein,
> zu lauschen unsern sanften Liedern,
> wärmt sich an unserm Sonnenschein
> und ließ die Mädchen herzlos sein,
> die unsre Liebe nicht erwidern.
>
> Genug geschwärmt! Genug geträumt!
> Genug auf Weidenrohr geflötet!
> Steht euer Dichtroß nicht gebäumt,
> da rings das Blut in Meeren schäumt
> und Brand die Horizonte rötet?
> Die Menschheit schluchzt in Tod und Gram. -
> Zerreißt der Lauten Saiten, Dichter,
> von denen nie ein Weckruf kam!
> Verhüllt in Reue und in Scham
> vor Gott und Welt die Angesichter!
>
> Doch spürt ihr je die alte Glut
> von neuem, - laßt das zage Stöhnen!
> Kein Jammern macht Versäumtes gut.
> Ruft auf die Welt zum besten Mut,
> zur Liebe ruft sie, zum Versöhnen!
> Schwört aller Menschheit euern Eid,
> der Menschheit, die ihr stets gemieden, -
> mit ihr zu sein in Not und Leid!
> Nicht Sternenwandler, - Menschen seid!
> Und eure Lieder singt dem Frieden![114]

Er fordert auf, die Saiten der Lauten zu zerreißen, denn der notwendige „Weckruf" sei von ihnen nicht gekommen. Bilder und Metaphern des Erweckens und Aufwachens, die für den Wunsch nach dem Ende des Krieges stehen, finden sich sehr ähnlich in zahlreichen Texten aus der Phase kurz vor und während der Revolution auch bei Toller und Landauer. Auch in der Rolle, die dem Dichter zugeschrieben wird, in dem er die „Welt zum besten Mut" rufen soll, sind Parallelen erkennbar. Landauer etwa bringt mit Bewegungsmetaphern, „der Rede vom Schreiten, Vorauseilen, Vorwärtsschreiten" „ein dezidiertes Pionier- und Avantgardebewußtsein zum Ausdruck".[115] Für die Frage nach dem politischen Anspruch der Lyrik gilt es jedoch auch zu beachten, dass Mühsam in den Kriegsjahren die Publikationsmöglichkeiten nahezu vollständig genommen sind, der Text also erst einmal im Privaten bleibt und erst im Band *Brennende Erde* 1920 erscheinen wird. Eine Zuhörer- und Leserschaft findet er in den Kriegsjahren im Kreise seiner Freunde und Bekannten. Das Gästebuch Carl Georg von Maassens etwa zeugt von einem regen künstlerischen Austausch an geselligen Abenden, an denen Mühsam ein regelmäßiger und kreativer Gast war.

Doch auch diese Zusammenkünfte sind überschattet von den Meldungen über gefallene Freunde, stetig steigenden Preisen und wachsender Lebensmittelknappheit. In München spitzt sich die politische Lage zu, immer mehr Stimmen gegen den Krieg werden laut.

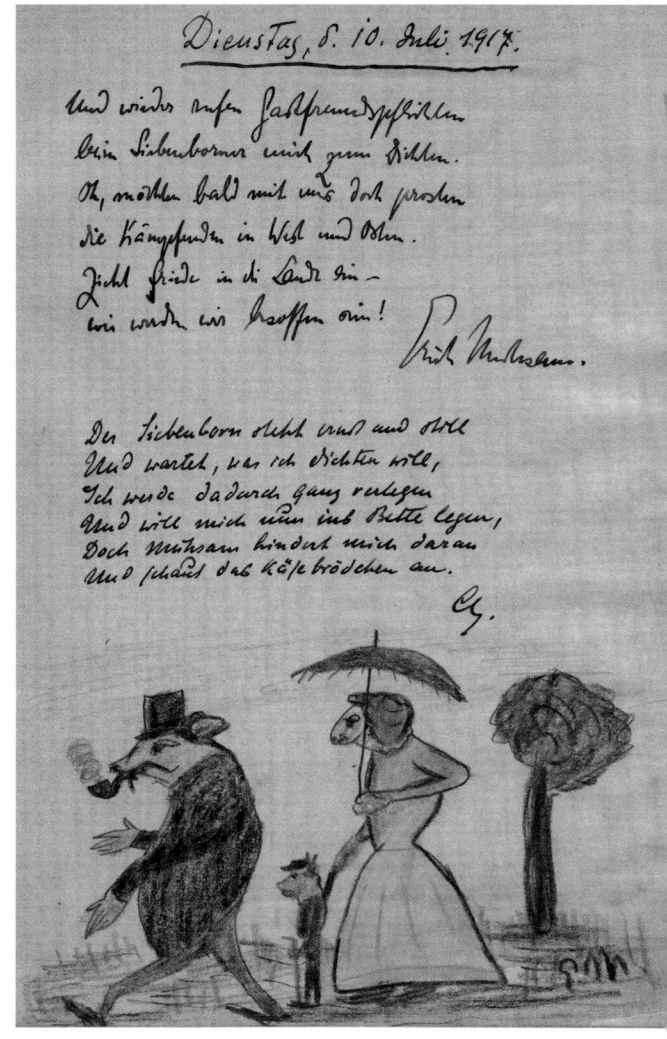

Eintrag von Erich Mühsam im Gästebuch von Carl Georg von Maassen, Juli 1917

[D]ie Drohung, bis zu ihrer Erfüllung die Blutorgie fortsetzen zu wollen, belastet die deutsche Regierung mit der Verantwortlichkeit für alles Unglück, das aus den Quellen der fürchterlichen Katastrophe weiterhin fließen wird [...].
Erich Mühsam, Abrechnung, 1916/1917

3 REVOLUTIONÄRE SCHRIFTSTELLER FÜR DEMOKRATIE UND MENSCHLICHKEIT

Ab 1915 setzt Mühsam sich für eine Zusammenarbeit der Kriegsgegner aller politischen Richtungen ein. Er hofft schon hier auf die revolutionäre Beendigung des Kriegs und die gleichzeitige Hinwendung der Menschen zum Anarchismus.[116] Im Mai plant er ein Treffen, bei dem „die von verschiedenen Weltanschauungen zur Zeit in eine Richtung gedrängten Elemente zu Besprechungen" zusammenkommen sollen, um ein Vorgehen gegen die Propaganda der Alldeutschen zu erarbeiten und Überlegungen anzustellen „für den Fall plötzlicher Ereignisse, als Revolution (mag sie unwahrscheinlich sein – möglich ist sie!)".[117]

Kurz darauf sucht er auch Eisner auf, um die gemeinsamen Friedensbestrebungen zu besprechen. Im Tagebuch verzeichnet er „ergiebige Gespräche und viel gute Anregung"[118]. Bei den Diskussionsabenden im *Goldenen Anker* kommen sie jedoch schon bald nicht mehr auf einen gemeinsamen Nenner, da, wie Mühsam selbst sich später erinnert, dessen „demokratische[m] Ideal" das eigene „sozialistische" entgegenstehe und Eisners „entente-chauvinistische Kriegsparteilichkeit" seinem eigenen „revolutionären Internationalismus" widerspreche.[119]

Im unvollendeten Text *Abrechnung* beschäftigt er sich mit der Kriegsschuldfrage, legt aber vor allem seine Kritik an Staat und Kapitalismus dar und stellt dem eine Gesellschaft der Anarchie, frei von räumlichen Grenzen und hierarchischer Ordnung, entgegen. Einzig die Dezentralisierung und der freie Zusammenschluss von bedürfnisorientierten Bünden ermöglichen ein friedliches Zusammenleben aller.[120]

> *Die Bekämpfung des Staates in seinen wesentlichen Erscheinungsformen, Kapitalismus, Imperialismus, Militarismus, Klassenherrschaft, Zweckjustiz und Unterdrückung in jeder Gestalt, war und ist der Impuls meines öffentlichen Wirkens.*
> Erich Mühsam, Selbstbiographie, 1919

Mühsam bemüht sich um die Radikalisierung des wachsenden Widerstandes, der im Volk gegen den Krieg herrscht. Als es im Juni 1916 zu Hungerdemonstrationen kommt, hat er große Hoffnung, dass das Volk nun dem Krieg ein Ende mache:

„Das Volk steht auf! – Gestern erlebten wir den Auftakt der Revolution. – Mittags brachte meine Frau das Gerücht nach Hause, am Marienplatz sei etwas los gewesen, ein Butterkrawall oder dergleichen. [...] In der Tat stand der Marienplatz voll von Leuten, die ich auf 10 000 Personen schätzte (eine unsichere Schätzung, da ich keinen rechten Maßstab hatte). Johlen und Pfeifen war zunächst das einzige Merkmal einer Erregung. Allmählich hörte man aus den Gruppen heraus lautes Fluchen, Aufklärungen, Anklagen wegen der Not, der Nahrungsmittelverteilung, der Massenmörderei."[121]

Nach der Demonstration tauchen Spitzel im *Café Odeon* auf, und man will Mühsam eine Anführerrolle nachweisen; offiziell geschieht jedoch nichts. Im Tagebuch äußert er sich über seine Beteiligung:

„Meine Tätigkeit bei dem Tumult erstreckte sich einfach darauf, den Rufen der Menge eine bestimmte Richtung zu geben, die Aufregung über die Brotnot auf ihre Ursache, den Krieg, hinzulenken. Aber die Rufe ‚Nieder mit dem Krieg!' ‚Wir wollen Frieden!' etc. wären wohl ohne mein Zutun auch laut geworden, wie denn die Behörde meinen Einfluß auf die Massen überhaupt erheblich überschätzen dürfte."[122]

Bei den Streiks im Januar 1918 wirkt Mühsam radikalisierend auf die Arbeiter ein, wegen der anhaltenden Differenzen mit Eisner kommt es jedoch nicht zu einer Zusammenarbeit.

Postkarte an Carl Georg von Maassen, auf der Erich Mühsam seinen Aufenthaltsort in Traunstein einzeichnet, 6. September 1918

An seinen Freund Maassen schreibt Mühsam am 5. Februar 1918: „Obwohl mir die Bonzen der beiden sozialdemokratischen Parteien vom ersten Streiktag an ein Redeverbot auferlegten [...], habe ich doch das meinige getan und war die letzte Woche dauernd auf den Beinen, in Versammlungen, bei Besprechungen und Demonstrationen."[123] Anders als Eisner, Toller und viele andere wird er nicht verhaftet. Dennoch nutzen die Militärbehörden die Gelegenheit und gehen auch gegen ihn vor. Er erhält im März 1918 vom stellvertretenden Generalkommando des I. Bayerischen Armee-Korps die Anordnung, dass ihm „zur Erhaltung der öffentlichen Sicherheit" „das Auftreten in öffentlichen und geschlossenen Veranstaltungen [...,] in denen politische oder wirtschaftliche Angelegenheiten erörtert werden, sowie die Teilnahme an solchen verboten" werde. Zu Begründung wird angeführt, er habe „durch aufreizende Reden in den von Kurt Eisner ins Leben gerufenen Diskussionsabenden die Interessen der Landesverteidigung gefährdet."[124] Einen Monat später wird diese Anordnung noch verschärft, und Mühsam wird auf Basis des Kriegszustandsgesetzes „der weitere Aufenthalt im Stadtbezirk München [...] untersagt und der Stadtbezirk Traunstein als Aufenthaltsort angewiesen." Von Ende April bis Anfang November ist er in Traunstein in der „Verbannung".

> *Wahrscheinlich werden wir den Augiasstall revolutionär in die Luft sprengen müssen.*
> Erich Mühsam, Tagebuch, 29. Mai 1916

3 REVOLUTIONÄRE SCHRIFTSTELLER FÜR DEMOKRATIE UND MENSCHLICHKEIT

„Es lebe die Revolution der Welt!"

> *Selbstverständlich fand mich die Revolution von der ersten Stunde aktiv auf dem Posten.*
> Erich Mühsam, Selbstbiographie, 1919

Zurück in München beginnen turbulente Tage für Mühsam. Bereits am 3. November spricht er im überfüllten *Hotel Wagner* in einer Luft aus „Bier und Rauch und Volk"[125] zur Menge, unter anderem neben Max Weber und Oskar Maria Graf. Augenzeugenberichten zufolge hat seine Rede, die sich vornehmlich an die Frauen richtet, eine so mitreißende Wirkung, dass sogar der stille Dichter Rainer Maria Rilke daraufhin zum Volk sprechen will und in der Menge die Bereitschaft zur Tat wächst: „Was die Versammlung hinriss, war das Gefühl der ungeheuren Empörung, das ihm mit den Worten zugleich über die Lippen sprang. Die Revolution war schon da, während Mühsam sprach."[126]

Von morgens bis abends ist er nun für die Revolution auf der Straße – beflügelt von der Hoffnung auf Verwirklichung seiner politischen Ziele, hält er unzählige Reden. Am 7. November begibt er sich gemeinsam mit seiner Frau Zenzl zu den Kasernen und ruft mit einer Ansprache „vom rein menschliche Standpunkt"[127] die Soldaten zur Niederlegung der Waffen auf. Mit seinem Appell an die Menschlichkeit kann er Ausschreitungen verhindern, und auf einem Lastauto mit den Soldaten ziehen sie weiter zum Bahnhof, wo sie „von einer ungeheuren Menschenmenge mit Jubel empfangen" werden. Als Eisner in der Nacht die Republik ausruft, kehrt Mühsam gerade heiser heim und „kann keinen lauten Ton mehr reden".[128]

> *Die Revolution wird bei uns umso unblutiger sein, je radikaler die Forderungen sind, mit denen sie gleich anfangs auftritt.*
> Erich Mühsam an Carl Georg von Maassen, 1. November 1918

Am 8. November wird Mühsam in den Revolutionären Arbeiterrat aufgenommen, in dem andere Anarchisten wie Josef Sontheimer, USPD-Mitglieder wie Ernst Toller und Kommunisten wie Max Levien aktiv werden. Hier will er die Revolution radikaler weiterführen als er es bei Eisner verwirklicht sieht, Ziel ist der Sozialismus auf Grundlage des Rätegedankens. Der Revolutionäre Arbeiterrat veranlasst bayernweite Betriebswahlen und die Bildung einer Landes-Räte-Organisation, an deren Spitze der Zentralrat steht. Mühsam ist in diesen Tagen unentwegt auf den Beinen, gilt es doch die neue Regierung und vor allem die Räte zu organisieren und zu sichern. Am 9. November führt er Aufsicht im Kriegsministerium, wie eine später auf seinem Schreibtisch konfiszierte Visitenkarte des ehemaligen Kriegsministers zeigt, die er wohl als Andenken mitnimmt.

Schon Mitte November erscheint ein erstes *Kain*-Flugblatt, in dem Mühsam deutlich macht, dass der eben erreichte Zustand „Grund zur Freude", aber noch nicht zum „Übermut" sei, denn die „Befreiung der Welt von den Ursachen jedes Krieges [sei] fortab Ziel und Trieb aller gemeinsamen Kräfte".[129] Ab da erscheint der *Kain* wieder regelmäßig – anders als in der Zeit vor dem Krieg nun als „reines Revolutionsorgan". Mühsam löst sich daher auch davon, alles an der Zeitschrift selbst zu machen: Die Titelbilder lässt er nun von Künstlern gestalten und auch einzelne Artikel anderer Autoren nimmt er auf. An den Beginn jeder Ausgabe stellt er ein eigenes Gedicht. *Rebellenlied, Das Beispiel lebt, Klage* oder das

Trutzlied finden sich an dieser Stelle, Hauptbotschaft ist die Wichtigkeit, die neugewonnene Freiheit zu sichern sowie die Ursachen und Übel des Krieges zu begreifen und für alle Zukunft zu verhindern.

Während der Revolutionszeit tritt für ihn das literarische Schaffen deutlich in den Hintergrund, es sind deutlich weniger Gedichte erhalten als aus anderen Phasen. Deutlich lässt sich jedoch erkennen, dass er seiner Lyrik eine politische Kraft beimisst. In einem Notizbuch, das er in der Haft nach der Revolution bei sich hat, finden sich auch wenige Gedichte aus den Tagen der Revolution, etwa die *Räte-Marseillaise* vom März 1919.

Anders als für Eisner ist für Mühsam die Revolution erst mit der vollständigen Räteherrschaft an ihrem Ziel angelangt. Vor allem gelte es, das Erreichte zu sichern, daher dürften „Kompromiss, Halbheiten, Zaghaftigkeiten"[130] nicht geduldet werden.

Visitenkarte des Kriegsministers Philipp von Hellingrath, die Erich Mühsam bei der Wache im Kriegsministerium an sich nahm

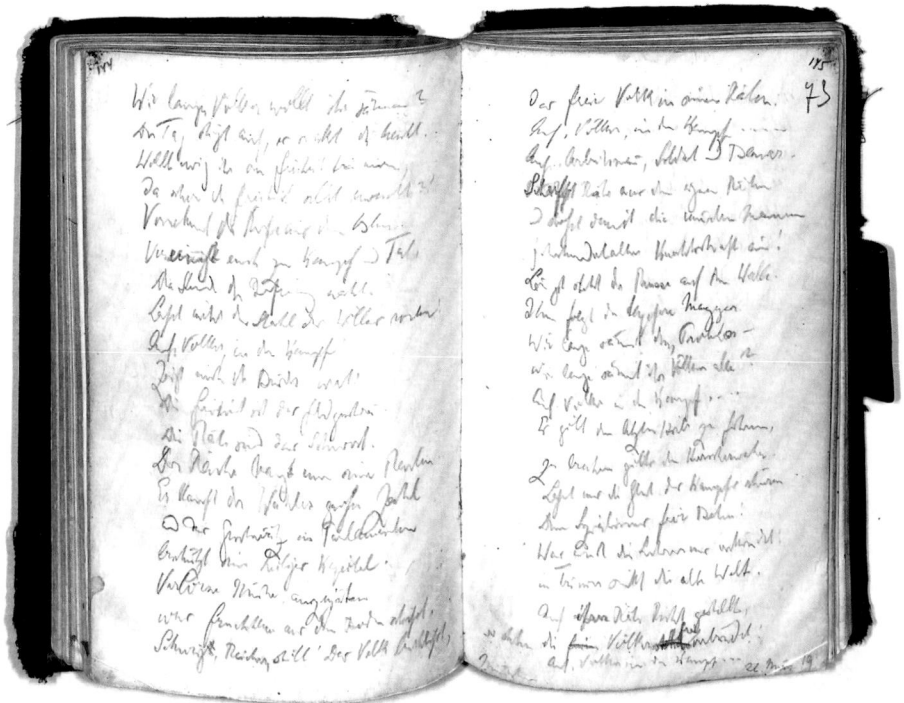

Typoskript der Räte-Marseillaise *aus Erich Mühsams Notizbuch, März 1919*

Preis 10 Pfg.

KAIN 1. Flugblatt

München, den 18. November 1918
Sämtliche Beiträge sind von Erich Mühsam

**Zeitschrift für Menschlichkeit
Herausgeber:
Erich Mühsam**

Das Erscheinen der im Jahre 1911 von Erich Mühsam begründeten Monatsschrift „Kain" wurde Anfang Aug. 1914 unterbrochen, weil der Herausgeber unter dem geltenden Ausnahmerecht seine persönliche Sicherheit nicht nutzlos gefährden wollte, es aber als unmöglich erkannte, seine Ueberzeugungen zu verleugnen oder zu frisieren. Die Stunde ist gekommen, in der Rücksichten auf die persönliche Sicherheit nicht mehr massgebend sein dürfen, in der ausgesprochen werden muss, was das Herz bewegt, in der das Schicksal der Menschen aus der Entschlossenheit ihres Willens zu bestimmen und zu gestalten ist.

Die Neuherausgabe der Zeitschrift „Kain" verzögert sich durch technische Widerstände. Bis sie überwunden sind, mögen in zwangloser Folge erscheinende Flugblätter an der Aufwiegelung der Gemüter arbeiten, die für die Erringung von Frieden, Freiheit und lebenswürdiger Zukunft erste Bedingung ist.

Die vorige Erklärung wurde am 5. November geschrieben. Inzwischen ist eine andere Welt geworden. Die deutsche Revolution ist gegenwärtig. Die Aufgabe, Revolutionäre zu schaffen, ist überlebt. Die Revolution hat ihre Revolutionäre selbst gezeugt. Wer noch keiner geworden ist, mag sich in seiner vornehmen Ueberlegenheit bedeutend dünken, — vor der Weltgeschichte, die an ihm vorbeirollt, ist er ein Gelächter.

Dem „Kain" entfalten sich neue Aufgaben. Für Menschlichkeit zu arbeiten, ist noch viel lohnender geworden, seit ihre Ansätze das Völkererlebnis erfasst haben, als vorher, wo wir vor nackter Gier und rohem Hochmut um menschliches Regen werben mussten.

Mit diesem Flugblatt tritt der Kain zu neuem Wirken an. Seinen Namen legt er nicht ab. Denn dem geächteten Bruder ist längst noch nicht sein Recht geworden. Das Kainszeichen der Armut und der Ausbeutung zeichnet noch die Stirn des Rebellen. Aber ein erstes Leuchten strahlt in seinen Augen. Die Befreiung hat begonnen. Der Weg liegt vor ihm: Durch Menschlichkeit zur Freiheit!

München, den 11. Nov. 1918.

*Tore der Freiheit auf — Feinde von gestern,
nehmt unsere Hände hin, Brüder und Schwestern!
Arbeiter, Bauersmann, Bürger, Soldat:
eigenes Schicksal will eigenen Rat,
glückliche Ernte will zeitige Saat. —
Nieder die Grenzen, die uns geschieden!
Völkerfreiheit wirke das Band
ewiger Freundschaft von Land zu Land, —
wirke der Völker ewigen Frieden!*

(6. November 1918)

24. XI. 18.

Erstes Kain-Flugblatt, 18. November 1918

Titelbild von Erich Mühsams Kain, 10. Dezember 1918

> *Mein Kampf galt Eisner, der den proletarischen Charakter der Revolution nicht erkennen wollte [...].*
> Erich Mühsam an Martin Andersen Nexö, 27. Oktober 1919

Auf einem Blatt, das ebenfalls 1919 auf seinem Schreibtisch konfisziert wird, definiert er den Begriff „Radikalismus" und bringt damit auch seine Haltung zu Papier:

> „Radikal sein bedeutet nämlich nicht, gewalttätig sein, bedeutet nicht, mit blutigem Schrecken widerstrebende Kräfte niederzuzwingen, besagt überhaupt nichts über die Mittel eines Kampfes, sondern bezeichnet nur die Denkweise, die den Kompromiss ablehnt und die Probleme von der Wurzel aus (radix = die Wurzel) zu lösen bestrebt ist."[131]

Erich Mühsam: Radikalismus, ohne Datum

> *Das Mittel der Revolution heißt Revolution. Das ist nicht Mord und Totschlag, sondern Aufbau und Verwirklichung.*
> Flugblatt der Vereinigung revolutionärer Internationalisten Bayerns, 1918

Bei aller Kompromisslosigkeit strebt er jedoch zu diesem Zeitpunkt keine militärische Sicherung der Revolution an. In den Veröffentlichungen der ersten Revolutionswochen betont er immer wieder die Menschlichkeit oder „die Liebe zur Menschheit", welche die „Richtschnur" des Handelns sein solle.[132] Um sich vom mäßigenden Einfluss der Unabhängigen freizumachen, gründet er Ende November die *Vereinigung revolutionärer Internationalisten*.[133]

Die Vereinigung tritt am 30. November mit ihrem ersten Flugblatt an die Öffentlichkeit. Unterzeichnet ist es neben Mühsam u. a. auch von Hilde Kramer; die 18-Jährige war als Pflegekind einer sozialistischen Familie aufgewachsen und stellt sich der Revolution vom ersten Tag an als Stenographin zur Verfügung. In den Revolutionstagen übernachtet sie regelmäßig auf dem Sofa der Mühsams. Sie beschreibt ihn als „wunderbare[n] Redner" und „gute[n], ehrliche[n]" Mann, der immer wieder betone, dass er „kein Kommunist und überhaupt kein Parteimensch sei, sondern ein Anarchist".[134] In der Forderung nach der Räterepublik sind die Kommunistin und Mühsam sich dennoch einig. Beeindruckt ist Kramer auch von Zenzl Mühsam, die ihr gastfreundlich Kaffee ans Bett bringt, aber vor allem „für diesen intellektuellen Haushalt eine außerordentliche Erscheinung" ist, „ein bayrisches Bauernmädchen mit dicken Zöpfen um den Kopf gelegt, stark bayrischem Akzent und fähig, sich in jeder Gesellschaft mit Grazie zu bewegen."¹³⁵ Als Publikationsorgan stellt Mühsam der neuen Vereinigung auch seinen *Kain* zur Verfügung. Nicht nur wegen der Öffentlichkeit, die er mit der Zeitschrift erreicht, richtet sich vermehrt Kritik von rechts gegen ihn. Im Dezember gibt es einen konterrevolutionären Angriff auf Mühsam, aus dem Verborgenen wird auf ihn geschossen, ihm passiert aber nichts.

Mit der Gründung der KPD zum Jahresanfang schließen sich die meisten Mitglieder der Vereinigung dieser an. Mühsam bleibt indes unabhängig, arbeitet aber mit der Partei unter Max Levien zusammen. In seinem Rechenschaftsbericht über die Zeit wird er sich später erinnern, dass er – auch ohne Mitglied zu sein – regelmäßig als Redner für die KPD auftritt. Im Januar lässt die Regierung Eisner im Vorfeld der Wahlen Mühsam, Levien und andere aus ihrem Umfeld verhaften, da Eisner wegen deren Kritik am Parlamentarismus durch sie „Störungen des Wahlakts und der Vorbereitung dazu befürchtete".¹³⁶ Sofort protestiert jedoch eine solidarische Menge für deren Freilassung. Mühsam hat nun erstmals die erträumten Anhänger hinter sich. Dies beweist sich spätestens bei der Demonstration am 16. Februar: Wie im vergangenen November kommen die Menschenmengen auf der Theresienwiese zusammen, sie demonstrieren für eine bayerische Räterepublik. Wie Mühsam festhält, war es Ziel, „die Nichtanwendung der politischen Paragraphen" durchzusetzen und „die revolutionäre Entschlossenheit" des Proletariats zu zeigen.¹³⁷

Der Hintergrund ist, dass Eisner die Beamten weitgehend in ihren Ämtern gelassen hatte, dem mehrheitssozialistischen Minister Auer freie Hand im Vorgehen gegen die Revolutionäre lässt und Justizminister Timm die alten politischen

Flugblatt der Vereinigung revolutionärer Internationalisten, November 1918

Als Führer des radikalsten Flügels der Revolution in Bayern bin ich der Wauwau des ganzen gesitteten Bürgertums und habe jetzt sehr viel Arbeit, sehr viel Aufregung, aber auch sehr viel Freude.
Erich Mühsam an Leo Landau und Geschwister, 31. Dezember 1918

3 REVOLUTIONÄRE SCHRIFTSTELLER FÜR DEMOKRATIE UND MENSCHLICHKEIT

> *Die Gegenrevolution macht sich täglich breiter. Die Eisnersche Pendelpolitik gibt den Auerochsen (Auer: Mehrheitler und Minister des Inneren) immer mehr Oberwasser. Verbote, Verfolgungen treffen nur uns Radikale.*
> Erich Mühsam an Fritz Brupbacher, 30. Januar 1919

Paragraphen des Strafgesetzbuches aus der Zeit der Monarchie gegen die Revolutionäre anwendet. Treibende Kräfte hinter den Protesten sind daher die KPD, der Revolutionäre Arbeiterrat und Mühsams *Vereinigung revolutionärer Internationalisten*. Die Menschen sind zudem aufgewühlt von den gesamtdeutschen Ereignissen: Am Tag zuvor waren in Berlin Rosa Luxemburg und Karl Liebknecht ermordet worden.

Die Stimmung in München radikalisiert sich also zunehmend, wie sich auch in den Ereignissen um Eisner und die Wahlen zeigt.[138] In den Tagen um dessen Ermordung ist Mühsam, wie Landauer, nicht in München. Wegen des allgemeinen Chaos im Verkehrssystem gelingt es ihm erst am 24. Februar, von seiner Agitationsreise zurückzukehren. Eisner wird, wie Mühsam schreibt, „mit seinem Tode zum Symbol der bayerischen Revolution"[139], seine Ermordung bringt eine Welle der verlorenen Sympathie zurück. Nach der Ermordung verhängt der Revolutionäre Arbeiterrat den Belagerungszustand, ruft den Generalstreik aus, bemüht sich um die Bewaffnung der Arbeiter und stellt die Presse unter Zensur. Die Macht liegt nun beim Zentralrat. Vom 25. Februar bis zum 8. März tagt der Rätekongress, bei dem die Radikalen aber keine Einigung mit den unabhängigen und sozialdemokratischen Kräften finden können. Währenddessen formieren sich die Revolutionsgegner in München. Entgegen Mühsams Hoffnung entscheidet der Rätekongress sich nicht für die Ausrufung der Räterepublik – die Macht liegt nun wieder beim Landtag, der eine sozialdemokratische Regierung unter Johannes Hoffmann bildet.

Rätedemonstration auf der Münchner Theresienwiese, 16. Februar 1919 (Foto: Heinrich Hoffmann)

Entwurf der Proklamation der Räterepublik von Erich Mühsam und Gustav Landauer, 1919

Für die KPD kommt nun Leviné nach München, der als einziger skeptisch bleibt, als auch die SPD beginnt, die Forderungen nach der Räterepublik zu unterstützen. Wie Mühsam später selbst sagen wird, verfrüht und ohne die scheinrevolutionäre Politik der SPD zu fürchten, werden am 6. April im Wittelsbacher Palais Volksbeauftragte gewählt. Landauer

3 REVOLUTIONÄRE SCHRIFTSTELLER FÜR DEMOKRATIE UND MENSCHLICHKEIT

Proklamation der Räterepublik, April 1919

Erich Mühsam im Wittelsbacher Palais, 1919

und Mühsam verfassen die Proklamation, die am Morgen des 7. April 1919 überall in München zu lesen ist: „Baiern ist Räterepublik." Mittags spricht Mühsam, den die Stimmung in der Stadt bereits beunruhigt:

> „[E]s lag eine gewisse Schwüle über der Atmosphäre, eine beängstigende Stille, die auf argwöhnisches Abwarten schließen ließ, Am Stachus bestieg ich eine Bank. Eine große Menschenmenge drängte sich um mich, aus der zunächst antisemitische Rufe laut wurden."[140]

Antisemitische Hetze und gegenrevolutionäres Handeln steigen mit Ausrufung der Räterepublik noch einmal deutlich an. Dennoch versucht Mühsam auch in den nächsten Tagen weiter, „die notwendigen revolutionären Beschlüsse"[141] durchzusetzen. Vor allem kämpft er um die Einheit der Arbeiterschaft. Er übernimmt nun auch einen Posten im Außenministerium und ist für die Beziehungen nach Moskau und Budapest zuständig. Zentrale Ämter bekommt er die ganze Dauer der Räterepublik über nicht, seine Haupttätigkeit bleibt das kompromisslose und konsequent andauernde Agitieren als wortgewaltiger Redner. Auch

Toller ist in dieser Phase in verschiedenen Funktionen aktiv, anders als zu Landauer bleibt Mühsams Verhältnis zu ihm aber distanziert.

Im Rahmen eines Putschversuchs der SPD-Regierung gegen die Räte wird Mühsam in der Nacht zum 13. April 1919 aus dem Bett heraus verhaftet. Ab diesem Zeitpunkt sitzt er ohne Urteil in Haft im Zuchthaus Ebrach. Er ist dort in der ersten Zeit nahezu von der Außenwelt abgeschnitten, der Informationsfluss über meist nicht mehr ganz aktuelle Zeitungen ist sparsam, und noch schlimmer ist, dass er nicht weiß, wie es seiner Frau geht. Sie kann sich rechtzeitig in Sicherheit bringen, als die Wohnung in der Georgenstraße durchsucht und geplündert wird. 14 Tage nach Beginn der Haft setzen Mühsams Tagebuchaufzeichnungen, die für die Zeit ab Sommer 1917 bis dahin verschollen sind, wieder ein und er beschreibt seine Lage, seine Ängste, sein Hoffen:

„[...] die vollständige Zerschneidung der Fäden zwischen Zenzl und mir, die lange Ungewißheit über das Schicksal der Freunde, und jetzt die Qual zwischen Furcht und Zuversicht, die völlige Ungewißheit, wie wird der Kampf enden, [...]. Hinter den dicken Mauern dieses Verließes liegt die Welt, an deren Schönheit, Freiheit und Glück zu arbeiten auch mir wieder gewährt sein wird. Ich glaube an das Glück der Menschheit durch die Revolution. Der Name des Menschheitglücks aber ist Sozialismus. Bis er verwirklicht ist, darf die Revolution nicht erlahmen. Ich bin für meine Person entschlossen, ihr zu dienen bis zum Siege oder bis zum Tode."

Dass er selbst in dieser Lage die Hoffnung auf das Gelingen der Revolution und das Erreichen des „Menschheitsglücks" nicht aufgibt, ist charakteristisch für Mühsam.

Wenn die Menschen bloß zu der Einsicht kommen wollten, daß es völlig gleichgültig ist, wo entlang die Staatsgrenzen laufen. Auf die Glückseligkeit der Menschen kommt es an, nicht auf die Art ihrer Einpferchung.
Erich Mühsam im Tagebuch, 9. Juni 1919

3 REVOLUTIONÄRE SCHRIFTSTELLER FÜR DEMOKRATIE UND MENSCHLICHKEIT

Ernst Toller, ohne Datum

ERNST TOLLER – ARMEEFÜHRER, DER NICHT SCHIESSEN WILL

„Und plötzlich ... erfasse ich die einfache Wahrheit Mensch"

Ernst Toller wird 1893 in Samotschin im heutigen Polen in eine Kaufmannsfamilie geboren. Er ist der jüngste der vier revolutionären Schriftsteller in diesem Band. Bei Ausbruch des Ersten Weltkriegs hatte er gerade erst begonnen zu studieren, ab 1914 war er in Frankreich an der Universität von Grenoble für Philosophie und Rechtswissenschaft eingeschrieben. Vielmehr als bei den anderen wirken bei ihm die historischen Ereignisse auf die Selbstfindung als Schriftsteller und als politischer Mensch ein. Er sehnt die Revolution oder den politischen Wandel nicht bereits über Jahre herbei, sondern wird von den Ereignissen erfasst. Umso erstaunlicher ist, wie schnell er eine politische Position einnimmt.

Nach einer Privatschule in Samotschin besucht er das Realgymnasium im selben Regierungsbezirk. Vor dem Abitur muss er wegen einer Krankheit den Schulbesuch für fast ein Jahr unterbrechen. In der Gemeinde an der polnischen Grenze wird um 1900 zwischen drei Bevölkerungsgruppen unterschieden: Juden, Polen und Deutsche. Zwischen diesen Gruppen besteht Fremdheit, etwa gehen die Kinder auf getrennte Schulen. In seinem Drama *Die Wandlung* wird Toller später die von den jüdischen Kindern empfundene Ausgrenzung beschreiben, indem er den mit autobiographischen Zügen versehenen Protagonisten Friedrich, der wie er selbst aus einer jüdischen Familie kommt, am Weihnachtsabend zwischen dem eigenen Elternhaus und dem gegenüberliegenden christlichen Haus zerrissen zeigt:[142]

> „Sie zünden drüben Lichter an. Kerzen der Liebe ... Ausgestossner taumle ich von einem Ufer zum andern. Denen drüben Fremder, den andern fern. Ekler Zwitter. [...] Länger schleppe ich nicht diese Zerrissenheit in mir umher. Was sind mir die! Dass ihr Blut in mir strömt, was will das bedeuten? Zu denen drüben gehöre ich. Einfacher Mensch, bereit zu beweisen. Fort mit aller Zersplitterung. Nicht mehr länger stolz schützen, die ich verachte. Aufrecht."[143]

Noch am selben Abend erfährt der Protagonist vom Kriegsausbruch und beschließt sich freiwillig zu melden; diese Chance, sich zu beweisen, wird fast als erlösend beschrieben.

„Drüben brauchen sie Freiwillige. Nun kommt Befreiung aus dumpfer quälender Ebge. Oh, der Kampf wird uns alle einen … Die grosse Zeit wird uns alle zu Grossen gebären … […] Nun kann ich meine Pflicht tun. Nun kann ich beweisen, dass ich zu ihnen gehöre."[144]

Toller selbst verlässt, als er von der Kriegserklärung hört, mit einem der letzten Züge vor der Grenzschließung seinen Studienort in Frankreich und meldet sich am 9. August beim 1. Bayerischen-Fuß-Artillerie-Regiment. Hier lernt er den expressionistischen Verleger Heinrich F. S. Bachmair kennen – ein Zufall, der auf seine spätere Verbundenheit mit den politischen Künstlern Münchens vorauszuweisen scheint. Ab dem Wintersemester 1914/15 ist er in München an der Universität immatrikuliert, ab Januar 1915 jedoch in der Nähe von Straßburg stationiert und im März meldet er sich freiwillig an die Front. Er kämpft nun 13 Monate vor Verdun, wobei die Division, der er angehört, an den heftigen Kämpfen im Priesterwald teilnimmt. Toller erhält eine Tapferkeitsauszeichnung und wird zum Unteroffizier befördert. Im Mai 1916 erleidet er einen körperlichen und seelischen Zusammenbruch, ist bis September im Lazarett und im Sanatorium. Angesichts der Schrecken des Krieges ist seine Wandlung zum Kriegsgegner erfolgt. 1917 wird er als „kriegsuntauglich, aber dauernd arbeitsverwendungsfähig" entlassen und ist in psychiatrischer Behandlung.[145] Die Kriegsgräuel verarbeitet er in Gedichten mit Titeln wie *Geschützwache, Gang zum Schützengraben, Gang zur Ruhestellung, Leichen im Priesterwald, Glocken im Feld* oder *Nacht im Priesterwald*. Laut Anmerkungen Tollers auf einzelnen Manuskriptseiten schreibt er ab 1914 Gedichte über den Krieg. Viele seiner später veröffentlichten Kriegsgedichte sind in einer von ihm mit der Beschriftung „Frühe Gedichte" versehenen Mappe gesammelt. 1918 und 1919 erscheinen einige der Werke in Zeitschriften, in der Sammlung *Vormorgen* veröffentlicht er 1924 eine große Zahl von Gedichten über den Krieg, manche bleiben jedoch auch unveröffentlicht.[146]

Toller als Artillerist, 1914/15

Auffällig in seiner Lyrik ist die Darstellung der Soldaten als Masse, die nicht eigenständig handelt. Nimmt man etwa die Gedichte *Gang zum Schützengraben* oder *Gang zur Ruhestellung*, so sind die aktiveren Verse die der Geräusche, Tiere und der Umgebung – „Ratten huschen pfeifend übern Weg", „Sturmregen klopft mit Totenfingern" oder „An Kleidern frißt Lehm" –, während es bei der Darstellung von Soldaten beim mechanischen „Stapfen sie", „Stolpern sie" oder „Irgendwer stolpert, fällt hin" bleibt.

Ab Sommer 1917 ist Toller wieder in München und studiert Literatur und Staatswissenschaften. Er besucht auch das Seminar des Literatur- und Theaterwissenschaftlers Artur Kutscher (vgl. S. 10), an dessen „Kollegs und Abende" er noch in den 1930er-Jahren zurückdenken wird.[147] Hier verkehren zu dieser Zeit auch Erich und Zenzl Mühsam. Toller knüpft Kontakte zur Literaturszene, lernt Rainer Maria Rilke und Thomas Mann kennen.

„Wir fordern Revolutionierung der Gesinnung!"

Im September 1917 folgt er einer Einladung zur Lauensteiner Tagung, bei der Intellektuelle sich über die Zukunft Deutschlands austauschen; er ist besonders beeindruckt von Max Weber. 1917/18 wechselt er an die Universität in Heidelberg, wo er bei Eberhard Gothein in Nationalökonomie promovieren möchte und Anschluss an eine pazifistische Studentengruppe findet, mit der er einen Aufruf gegen die Kriegspolitik der Deutschen Vaterlandspartei verfasst.[148] Die Studierenden protestieren gegen das Wirken der Partei und stellen diesem „kultursittliche Forderungen" entgegen, statt einer Ausbreitung der deutschen Kultur fordern sie die „Vertiefung der Kultur, die Menschheitssittlichkeit zum Inhalt hat", „[s]tatt geistloser Organisation" fordern sie „Organisation des Geistes".[149] Außerdem solidarisieren sie sich mit den „Studenten in fremden Ländern, die gegen die unfaßbare Sinnlosigkeit und Entsetzlichkeit der Kriege, sowie gegen jegliche Militarisierung überhaupt schon jetzt protestieren". Alle „Teilnahmslosen" wollen sie „[a]ufrütteln" und alle „Gleichgesinnten" „sammeln".[150]

Das Bild des Aufrüttelns gegen den Krieg zieht sich durch Tollers Texte dieser Zeit. Der Aufruf wird im universitären Umfeld verbreitet und zusammen mit einem Rundschreiben an verschiedene Intellektuelle verschickt. Auch Kurt Eisner erhält im November Aufrufe von Toller zugeschickt, verbunden mit der Bitte, seine persönliche Meinung dazu darzulegen.[151] Im November treffen die beiden sich in Berlin, wo Toller auf einer Versammlung mit dem Motto „Arbeiter der Stirn und der Faust vereinigt Euch" spricht.[152] Ähnliche Briefe wie der an Eisner finden sich auch in den Nachlässen von Richard Dehmel, Carl Hauptmann und Paul Ernst.[153] Ohne das Einverständnis der Gruppe wird der Aufruf in der Presse abgedruckt und löst Proteste von studentischen Gruppen der DVLP und anderen nationalistischen Vereinigungen aus, durch die auch die Behörden auf die Gruppe aufmerksam werden. Mitglieder, die nicht aus Baden kommen, werden zum Jahreswechsel aus dem Staatsgebiet ausgewiesen; es kommt zur Auflösung der Gruppe. Ende November schon gründet Toller seinen eigenen *Kulturpolitischen Bund der Jugend in Deutschland*, dessen Programm er in ausführlichen „Leitsätzen" darlegt. Hauptziel ist es, junge Menschen zur „politischen Aktivität zu führen" und die „immer tiefer werdende Kluft zwischen Volk und Intellektuellen" zu überwinden:

Ernst Toller: Gang zur Ruhestellung, 1915

Eintrag Tollers im Gästebuch von Artur Kutscher im Winter 1916/17

„Der Bund ist eine Gemeinschaft von Gleichgesinnten und Gleichgewillten. Wir wollen Führer sein, indem wir schreiten. Die Gesamtheit entflammen, indem wir brennen. Beherrscht vom Willen zum Umpflügen des Bodens, auf dem wir nicht länger gewillt sind, herumzustolpern. Beherrscht von der uns einenden Idee wahrhaftigen Geistes. [...] Durch Liebe die Keime von Schutt und Fäulnis zu befreien, sei unsere Aufgabe. Auf daß jeder seinen Wirkungskreis umgestalte in schöpferische, geisterfüllte Wirklichkeit und wir gelangen zu einer Gemeinschaft von Persönlichkeiten. [...] Nur aus innerlicher Mensch-Wandlung kann die Gemeinschaft, die wir erstreben, erwachsen."[154]

Für die Beschreibung des zu beendenden Zustands greift Toller hier das Bild der stolpernden Menschen wieder auf, das er auch in seinen Gedichten über den Krieg verwendet. Das Flugblatt zählt einen Katalog von zehn Forderungen auf, unter anderem die „Abschaffung der Armut", die Trennung von Kirche und Staat, die Aufhebung der Todesstrafe, die Herabsetzung des wahlberechtigten Alters, Mutterschutz, Einheitsschule und freie Universitätsgemeinden. Auch soll eine Reihe von Büchern, „Dichtungen von Menschheitsgehalt", möglichst günstig oder kostenlos an Bibliotheken verteilt werden. Diese Auswahl lässt auch Rückschlüsse auf Tollers Lektüre zu dieser Zeit zu: Bücher von Leo Tolstoi, Carl Hauptmann, Henri Barbusse, Walter Hasenclever und Leonhard Frank.[155]

Der Text der *Leitsätze* seines Bundes legt die Vermutung nahe, dass Toller Gustav Landauers *Aufruf zum Sozialismus* gelesen hat. Im Dezember 1917 wendet er sich auch brieflich an ihn. Der zu diesem Zeitpunkt 24-jährige Toller schreibt: „Ich will das Lebendige durchdringen, in welcher Gestalt es sich auch immer zeigt, ich will es mit Liebe umpflügen, aber ich will auch das Erstarrte, wenn es sein muß, umstürzen, um des Geistes willen."[156] Sein Einsatz „um des Geistes willen" zeigt die Orientierung an Landauers *Aufruf*, der das Ersetzen des staatlich organisierten Zusammenlebens durch autonome Zusammenschlüsse freier Individuen als den lebendigen „Geist" der Gemeinschaft beschreibt. Die große Bedeutung Landauers für Toller in seinen Jugendjahren lässt sich auch daran ablesen, dass er diesen Brief an Landauer aus dem Dezember des Jahres 1917 als frühesten Text in seinen Sammelband *Quer durch* aufnimmt, der im Herbst 1930 erscheint und in seiner Zusammenstellung als eine autobiographische Auseinandersetzung mit dem eigenen Schaffen zu sehen ist.

> *Ich will, daß niemand Einsatz des Lebens fordert, wenn er nicht selbst von sich weiß, daß er sein Leben einzusetzen willens ist, daß er es einsetzen wird.*
> Ernst Toller an Gustav Landauer, 20. Dezember 1917

Erstaunlich ist es, wie treffsicher der politisch noch unerfahrene Toller genau zu den Menschen Kontakt sucht, die ihm so bald wichtige Weggefährten werden. Ende Januar 1918 kommt er wieder nach München und steht hier in enger Verbindung zu Eisner. Getragen vom Wunsch nach Frieden unterstützt er die Januarstreiks. Das bereits erwähnte Flugblatt „Kameraden" für die Freilassung Eisners und seiner Mitstreiter (vgl. S. 21) wie auch das Flugblatt „Aufruf an das deutsche Volk!" entstehen in dieser Zeit. Die politischen Texte weisen deutliche Parallelen zu den kurz vorher entstandenen literarischen Arbeiten auf, wie Toller selbst später rückblickend angibt.[157] Erwähnt ist in

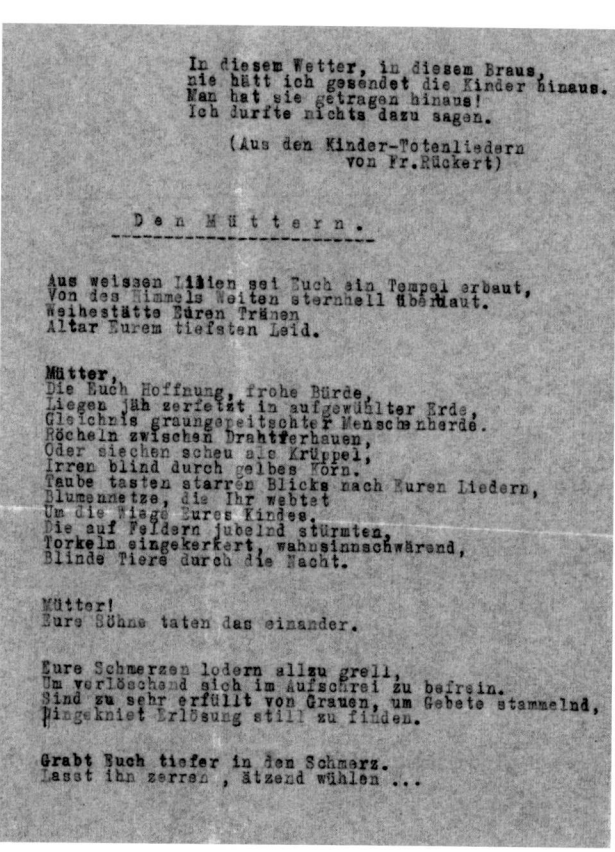

Ernst Toller: Den Müttern, *1917*

diesem Kontext immer das Drama *Die Wandlung* mit der vorangestellten *Aufrüttelung* in Gedichtform und das Gedicht *Den Müttern*. Diese drei Texte hat er bereits im Dezember 1917 an Landauer geschickt, das Drama da noch unter dem Titel *Der Entwurzelte. Das Ringen eines Menschen*. Im *Aufruf* wie in der *Aufrüttelung* deckt sich die Metaphorik des Aufwachens, im Flugblatt als Appell „Wacht auf! – Wacht auf!"[158], im Drama als ein Bild für das langsame Erwachen aus der Zeit des Krieges mit dem Vers „Wir blickten traumschwer blinzelnd auf"[159]. In jedem der Texte spricht Toller die Mütter an, deren Mutterliebe ein Weiterführen des Krieges in seinen Augen unmöglich machen müsste. Im Flugblatt „Aufruf an das deutsche Volk!" schreibt er: „Du Mutter, bist schlecht, unsagbar schlecht. Wie könntest Du sonst ruhig schlafen, da Du wissen müßtest, daß bei jener ‚großen Offensive' Dein Kind zum Krüppel geschossen oder zu kotigen Fleischfetzen oder gar tierischen Tod erleidet; wahnsinnig wird. Wie ist es denn möglich, dass ihr ruhig seid."[160]

Im Drama vollzieht sich die Wandlung des Protagonisten Friedrich vom Kriegsfreiwilligen, der die Schrecken des Krieges miterlebt, zum Pazifisten und schließlich zum Kämpfer für den Frieden. Die Waffe in diesem zweiten Kampf ist ihm das Wort, als Redner tritt er, der sich am Anfang des Stückes als der Ausgegrenzte gefühlt hat, nun vor die Menge. In Friedrichs Monolog werden die Menschen im unmenschlichen Kriegszustand gezeigt; er endet mit dem Wunsch: „O, wenn ihr Menschen wäret, – unbedingte, freie Menschen."[161] Ganz zum Ende des Dramas wandelt sich das kriegerische Marschieren der Menschen dann zum feierlichen Schreiten in der Revolution:

> „Nun ihr Brüder, rufe ich euch zu: Marschiert! Marschiert am lichten Tag! Nun geht hin zu den Machthabern und kündet ihnen mit brausenden Orgelstimmen, dass ihre Macht ein Truggebilde sei. Geht hin zu den Soldaten, sie sollen ihre Schwerter zu Pflugscharen schmieden. [...] Marschiert – marschiert am lichten Tag. Brüder, recket zermarterte Hand / Flammender freudiger Ton! / Schreite durch unser freies Land / Revolution! Revolution!"[162]

Ernst Toller: Der Entwurzelte. Das Ringen eines Menschen, *1917*

> Den Weg! Den Weg! –
> *Du Dichter weise.*
> Ernst Toller, Die Wandlung, 1917

```
            Aufrüttlung

Zerbrich den Kelch aus blitzenden Kristallen
Von dem die Wunder perlentauend fallen,
Wie Blütenstaub aus dunkelroten Tulpen.

Wir schritten durch die Dämmerwelt der Wunder,
Verträumte pflückten Märchen wir mit weichen Händen,
Aus Sonnenstrahlen formte Glaube Kathedralen,
Von hochgewölbten Toren fielen Rosenspenden.

D a !   m o r d e n d   k r o c h e n   e k l e   T i e r e
F l a m m e n d s p r i t z e n d   a u f   d e r   E r d e !

Wir blickten traumschwer blinzelnd auf
Und hörten neben uns den Menschen schreien

Es schrie ein Mensch ! –

Wir sahen die Gemeinheit Orgien feiern,
Gesindel troff,entblößet ,von Sudel,
Aus Gruben quoll der Lüge Strudel,
Rauch schlang Spiralen beizend über unserem Haupt,
Zu unsern Füßen gurgelte Verzweiflung.

Es schrie ein Mensch,

Ein Bruder,der das große Wissen in sich trug
Um alles Leid und alle Freude
Um Schein und quälende Verachtung
Ein Bruder,der den großen Willen in sich trug
Verzückte Tempel hoher Freude zu erbauen
Und hohem Leid die Tore weit zu öffnen,
Bereit zur Tat.
```

3 REVOLUTIONÄRE SCHRIFTSTELLER FÜR DEMOKRATIE UND MENSCHLICHKEIT

In der Realität wird es vom Verfassen des Stücks 1917 an noch fast ein Jahr bis zur Revolution und zum Ende des Krieges dauern. Im Rahmen des Januarstreiks wird Toller am 3. Februar 1918 verhaftet und mehrfach verhört, nachdem er auf der Theresienwiese zu den streikenden Munitionsarbeitern gesprochen hatte, also wie sein Protagonist im Drama zum Redner geworden war. In der Folge wird er wieder eingezogen und ist wegen versuchten Landesverrats für drei Monate im Militärgefängnis an der Leonrodstraße inhaftiert. Außerdem wird er in München in der psychiatrischen Klinik untersucht. Im September erfolgt seine endgültige Entlassung aus dem Militär. In der Haft schreibt er Gedichte und arbeitet noch einmal an seinem Drama *Die Wandlung*; später beschreibt er in seinem autobiographischen Roman *Eine Jugend in Deutschland*, dass die Verse sich ihm beim täglichen Spaziergang auf dem Gefängnishof gebildet haben.[163] Hier erfährt man auch, dass er in dieser Zeit Marxs, Engels, Lasalle, Bakunin, Mehring, Luxemburg und Webbs liest.[164]

„Revolution! Revolution!"

Eugen Spiro: Ernst Toller, Öl auf Leinwand, 1930

Mit Beginn der Revolution in München bietet Toller Eisner seine Unterstützung an und kommt Mitte November nach München. Gleich wird er in den Revolutionären Arbeiterrat berufen. Dessen Mitglied wird man durch Kooptation – Toller ist in München also schon vernetzt.[165] Mühsam und Landauer sind ebenfalls im Revolutionären Arbeiterrat. Auch dem Aktionsausschuss der Arbeiter-, Bauern- und Soldatenräte gehört Toller ab Ende November an. Hier zeichnet er etwa für die ab Dezember 1918 veranstalteten „Feierabende" im Deutschen Theater verantwortlich. Arbeiter sollen bei geringen Kosten die Möglichkeit haben, Kunst- und Kulturveranstaltungen zu besuchen und sich zu bilden, denn „Kunst [...] ist gestalteter Wille zum Menschsein".[166] Alfred Wolfenstein trägt in diesem Rahmen im Januar 1919 auch Passagen aus Tollers noch nicht veröffentlichtem Drama *Die Wandlung* vor.[167]

Die verschiedenen Räte organisieren sich zunehmend, und im Dezember bildet sich der landesweite Vollzugsrat der Arbeiterräte Bayerns, dessen zweiter Vorsitzender Toller wird. Dies ist der Anfang einer Vielzahl von Ämtern, die er in der Zeit bis Mai 1919 übernehmen wird. Im März wird er zum Vorsitzenden der USPD München gewählt, und nach der Ausrufung der Räterepublik am 7. April hat er als Vorsitzender des Provisorischen Revolutionären Zentralrats kurzzeitig das höchste Amt in Bayern inne. Er wirbt vielfach für die Einheit der sozialistischen Strömungen, da die Kommunisten sich der Zusammenarbeit mit der Räterepublik verweigern. Beispielsweise der Aufruf „An das Proletariat" warnt vor allem davor, dass Uneinigkeit nur die Angreifbarkeit durch die Reaktion erhöhe. Am 11. April findet im Hofbräuhaus eine große Räteversammlung zum Versuch der Einigung der Linken statt; kurz kann sich die Hoffnung auf eine Einheit halten. Doch schon nach dem Putschversuch der republikanischen Schutztruppen am Palmsonntag, dem 13. April, wird die erste bayerische Räterepublik durch die kommunistische Räterepublik abgelöst.

In der Phase dieser Räterepublik im April 1919 ist Toller Abschnittskommandant der Roten Armee und am Sturm auf das von Regierungstruppen besetzte Dachau beteiligt (vgl. S. 93). Die Frage nach der Anwendung von Gewalt stellt ihn allerdings vor einen inneren Konflikt.[168] Während er vor dem Hintergrund seiner Kriegserfahrung erst keine Gewalt mehr anwenden will, fühlt er sich dennoch zur Verteidigung der Revolution verpflichtet. In seinem Schlusswort vor dem Standgericht wird er später die Bereitschaft zur Gewalt im Dienste der Revolution als Merkmal des Revolutionärs beschreiben: „Ich würde mich nicht Revolutionär nennen, wenn ich sagte, niemals kann es für mich in Frage kommen, bestehende Zustände mit Gewalt zu ändern."[169]

In seiner Funktion bei der Roten Armee versucht er, nach Möglichkeit jedes in seinen Augen unnötige Blutvergießen zu vermeiden. So steigern sich die Differenzen zwischen ihm und den Kommunisten, bis er schließlich am 26. April zurücktritt. Bei der Niederschlagung der Räterepublik kann er sich zunächst verstecken, Anfang Juni 1919 wird er verhaftet.

Programm der Feierabende im Deutschen Theater, 1919

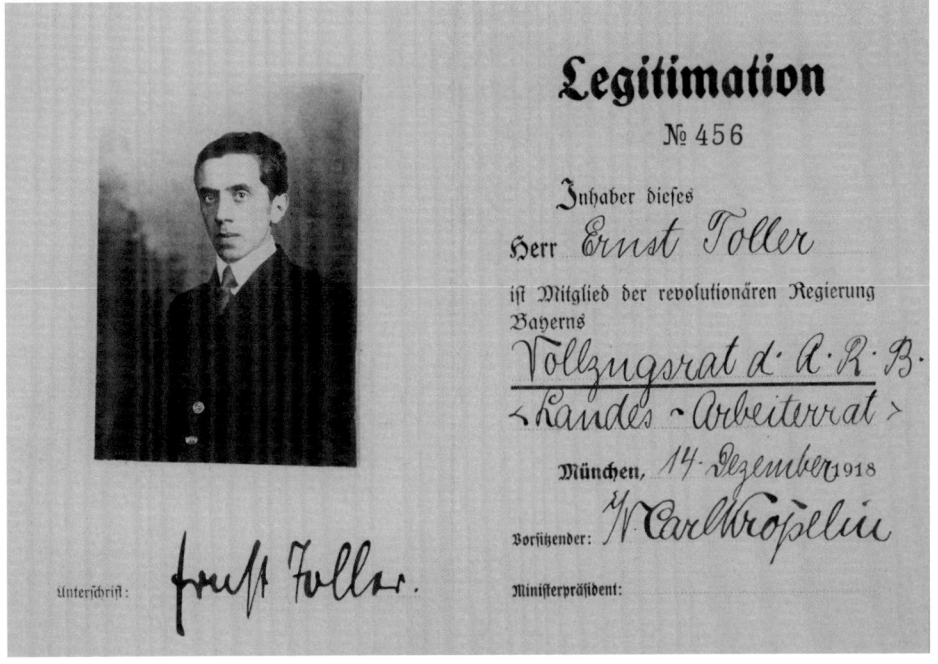

Ausweis Ernst Tollers als Mitglied des Landesarbeiterrates, Dezember 1918

Stab der Roten Armee.

An die Versammlung der Betriebsräte

ERKLÄRUNG

Das Folgende habe ich dem Generalstab mitgeteilt:

Da ich es nicht mehr verantworten kann, mit dem jetzigen Vollzugsrat und dem Generalstab als Führer zusammen zu arbeiten, sehe ich mich gezwungen mein Amt als Abschnittskommandeur nieder zu legen.

Ich werde die Geschäft solange weiter führen, bis ein neuer Führer meine Stelle eingenommen hat.

Hinzuzufügen für die Betriebsräte habe ich: Die jetzige Regierung betrachte ich als ein Unheil für das Werktätige Volk Bayerns. Die führenden Männer bedeuten für mich eine Gefahr für den Rätegedanken. Unfähig auch nur das geringste aufzubauen, zerstören sie in sinnloser Weise.

Sie unterstützen hiesse für mich die Revolution und die Räterepublik gefährden.

Das furchbarste ist, dass das Werktätige Volk über die wahren Vorgänge völlig in Unkenntnis gelassen wird.

Doch nicht ich, nur die Betriebsräte, als höchste souveräne Macht haben das Recht die Regierung zur Verantwortung zu ziehen.

Not tut die Geschlossenheit des Proletariat in der Verteidigung;
Not tut DER HARTE WILLE ZUM AUFBAUEN.

Dachau, den 26. 4. 1919.

Ernst Toller

Schreiben Ernst Tollers aus Dachau, 26. April 1919

„An das Proletariat!", 1919, gezeichnet von Toller

„Das Münchner Proletariat geeinigt", April 1919, gezeichnet von Toller

Durch seine verschiedenen Ämter sind sehr viele von ihm unterzeichnete Flugblätter erhalten, manche davon wird er allerdings lediglich kraft seines Amtes unterschrieben haben.[170] Allerdings finden sich auf einigen der Flugblätter Formulierungen, die seine (Mit-)Verfasserschaft nahelegen. Gerade im Zusammenhang mit der wachsenden Kritik in der Gegenrevolution ist diese Verfasserschaft in jedem Fall zentral zu werten. Toller muss sich bewusst sein, dass er von der Öffentlichkeit – so auch von gegenrevolutionären Feinden – als Verfasser der Verfügungen wahrgenommen wird und so auch die Konsequenzen trägt.[171]

Sich der Verantwortung zu stellen ist Teil des Konzepts des revolutionären Schriftstellers, wie er es 1935 im kurzen autobiographischen Text *Meine Biographie* darlegt. Für ihn gibt es keine Unterscheidung zwischen einem künstlerisch motivierten Schreiben und dem Schreiben im Dienste des politischen Handelns: „Ein revolutionärer Schriftsteller hat nicht das Recht, in einem Elfenbeinturm zu leben. Er muss an den Kämpfen unserer Epoche teilnehmen, er muss diese Kämpfe künstlerisch formen und ihnen zur Darstellung verhelfen."[172] Im Prozess der gesellschaftlichen Veränderung misst Toller der Kunst, insbesondere der Literatur, eine große Bedeutung bei.

> „Wenn wir damals die Worte ‚Menschheit' oder ‚Menschlichkeit' gehört haben, dann sind uns die Tränen in die Augen gekommen ..." – Das hat Ernst Toller oft zu mir gesagt. [...] Er hat die Infamie in allen ihren Formen bekämpft und mit allen Mitteln: durch das dichterisch gesteigerte Wort, durch das Pamphlet, durch die Rede – und er ist ein Meister der politischen Rede gewesen.
> Klaus Mann über Ernst Toller

4 VON DER REVOLUTION ZUR REAKTION

„EIN BLUTTÜMPEL" – NIEDERSCHLAGUNG DER RÄTEREPUBLIK

Mit dem Rückhalt der Regierung Hoffmann (SPD), die nach der Ausrufung der ersten Räterepublik zunächst nach Bamberg ausgewichen war, unternimmt am 13. April 1919 ein Teil der republikanischen Schutztruppe einen Putschversuch gegen die Räterepublik. Mehrere Mitglieder der Räteregierung und des Zentralrats werden verhaftet. Die sich zu dieser Zeit formierende Rote Armee besiegt jedoch die Putschisten, und die zweite Räterepublik unter der Führung der KPD wird ausgerufen. Sie ist deutlich radikaler als die erste. An ihrer Spitze wirken unter anderem Eugen Leviné, Max Levien, Ernst Toller, Ernst Niekisch und anfänglich auch Gustav Landauer.[1] Für Mühsam stellte sich die Frage nach einer Mitwirkung erst gar nicht, da er in der Nacht zum 13. April von den Putschisten festgenommen wurde und in Haft sitzt. Mit Leviné und Levien im neu gebildeten Vollzugsrat wird nun die Verteidigung der Stadt organisiert.[2] Bereits in der ersten Räterepublik waren die Rote Armee angekündigt und ein Konzept für deren Aufbau erarbeitet worden.[3]

Der Stadtkommandant Rudolf Egelhofer verfügt nun, dass die Bürger ihre Waffen abgeben müssen; der Aufbau einer Roten Armee zur Verteidigung gegen die Gegenrevolution wird vorangetrieben. Diese umfasst bald etwa 10 000 Mann.[4]

Die sozialdemokratische Regierung Hoffmann ruft am 14. April die Reichswehr zur Hilfe, um gegen die Räterepublik vorzugehen. Gleichzeitig werden im völkischen Umfeld und bei zurückgekehrten Soldaten Freikorps angeworben. Flugblätter zeigen, wie sich die Stimmung in München im April zunehmend verschärft: Veröffentlichungen der Regierung Hoffmann gehen mit teils verleumderischen Aussagen gegen die Räterepubliken vor und wollen so Soldaten für deren Niederschlagung mobilisieren. Die Kritik orientiert sich dabei wenig an sachlichen Punkten, sondern arbeitet hauptsächlich mit Feindbildern. Stark vereinfacht wird die Räterepublik als Werk von Landfremden, Bolschewisten, Juden und Schriftstellern ohne politischen Sachverstand dargestellt. In der Bevölkerung bereits vorhandene Feindbilder werden aufgegriffen und mit propagandistisch untermauerten Scheinwahrheiten eingesetzt, um dem Ruf der Räte zu schaden und die Menschen zum Widerstand gegen sie zu mobilisieren.

Mit was für Methoden die Weißgardisten zur Gewalt gegen die Kommunisten aufgehetzt wurden, zeigt eine Notiz der Zeitung, in der sie aus einem Aufruf einen Passus mitteilt, der den in Bayern einrückenden Württembergern von amtlicher Stelle (!) überreicht wurde. Da geht es gegen die Führer der ganzen Bewegung los, die als „land- und wesensfremde Literaten und politische Hochstapler" bezeichnet werden.
Erich Mühsam im Tagebuch, 3. Mai 1919

ROTE ARMEE

Die rote Armee der Räterepublik Baierns hat den Zweck, die Republik der revolutionären Arbeiter, Bauern und Soldaten gegen jede gegenrevolutionären Angriffe von außen und innen zu schützen und für Ordnung und Sicherheit Gewähr zu leisten. Die rote Armee ist eine freiwillige.

Aufnahmebedingungen:

Es können nur Angehörige aller arbeitenden Klassen aufgenommen werden, die auf dem Boden der Räterepublik stehen.
Vorbedingungen für die Aufnahme in die rote Armee:

1. Altersgrenze vollendetes 23. bis 45. Lebensjahr (Ausnahme möglich).
2. Körperliche Rüstigkeit.
3. Keine Strafen wegen ehrloser Handlungen (Strafe wegen politischer Vergehen ausgenommen).
4. Gründliche Ausbildung mit einer Waffe oder sonstigen militärischen Hilfsmitteln (Technische Truppen, Sanitätspersonal, mil. Handwerker usw.).
5. Zugehörigkeit zu einer sozialistischen oder freigewerkschaftlichen Organisation der klassenbewußten Arbeiterschaft. Bisherige Berufssoldaten, welche sich ohne Vorbehalt auf den Boden der Räterepublik stellen.
6. Erwerbslose, welche die oben gestellten Bedingungen erfüllen, werden in erster Linie eingestellt.
7. Als Stamm für die neue Armee werden die bestehenden Formationen übernommen.
8. Alle in die rote Armee Eintretenden werden durch Handschlag auf die Räterepublik verpflichtet.
9. Strengste Disziplin und unbedingter Gehorsam wird gefordert.

Jeder Angehörige der roten Armee erhält ein Diensttagegeld von M. 6.– nebst M. 1.– Treuprämie sowie Verpflegung, Unterkunft und Bekleidung. Verheiratete (Selbstverpfleger) erhalten M. 5.– Zulage für Verpflegung und Unterkunft sowie für München eine Teuerungszulage von M. 2.50 pro Tag.

Angeworben wird:

a) für München: Ortsansässige eines hiesigen Truppenteils beim Truppenteil;
b) in den übrigen Garnisonen: bei den dort bestehenden Truppenteilen.

Das Werbebüro im städtischen Wehramt (Winzererstraße) besteht aus einer Kommission, die sich aus Arbeiter-, Soldaten- und Bauernräten zusammensetzt. Der Vorsitzende dieser Kommission ist Kamerad und Genosse Wimmer vom Vollzugsausschuß des baierischen Landessoldatenrates.
Die Werbung beginnt Donnerstag, den 10. April 1 Uhr mittags. Militärpapiere sowie die aus obigen Bedingungen hervorgehenden Unterlagen sind mitzubringen.
Ueber Bewaffnung des Städte-Proletariats sowie der Bauern erfolgen sofort gesonderte Bestimmungen.

Zentralrat
gez. Niekisch.

Volksbeauftragter
gez. Reichart.

Landessoldatenrat
gez. Wimmer.

Korpssoldatenrat
gez. Eichner.

Werbeplakat für die Rote Armee, April 1919

Arbeiter, Soldaten, Bauern, Bürger!

München, Bayerns größte Stadt, steht vor dem Untergang. Der skrupulosen Wühl- und Hetzarbeit einiger landfremder bolschewistischer Agenten ist es gelungen, einen Teil der Münchener Arbeiter und Soldaten für sich zu gewinnen. Die große Mehrheit der Münchener Bevölkerung ist wehrlos der Gewalt dieser Elemente ausgeliefert. Wahllos haben sie Waffen verteilt und offen zur organisierten Plünderung aufgefordert. Sie haben russische Kriegsgefangene bewaffnet, um die Bevölkerung einzuschüchtern. Sie haben Tribunale eingesetzt, die jeden mit dem Tode bedrohen, der sich nicht ihren Machtsprüchen fügt. Rücksichtslos unterbinden sie jedwede freie Meinungsäußerung im Namen der Freiheit. Unschuldige haben sie ohne Verfahren niedergeschossen, selbst wehrlose Frauen haben sie als Geiseln geholt. Sie ruinieren das gesamte Münchener Wirtschaftsleben, indem sie den Generalstreik in Permanenz erklären. Schon ist München ohne Brot, ohne Milch, ohne Zahlungsmittel.

Volksgenossen! Wer könnte dem Treiben dieser Unmenschen länger zusehen? Das Schicksal könnte morgen das Schicksal des Landes sein, wenn Ihr Euch nicht wie ein Mann erhebt, um diese Gesellschaft niederzuschlagen.

Unsere württembergischen Nachbarn haben uns, durchdrungen von der Ueberzeugung, daß diesen Verbrechern Einhalt geboten werden muß, Hilfe geschickt. Nicht als „weiße Garde" kommen unsere württembergischen Brüder, nein als Hilfe in der größten Not. Unterstützt sie, wo und wie ihr nur könnt!

Aber auch an Euch selbst ergeht der Ruf. Hilfe von außen allein kann uns nicht vor dem Untergang retten. Ihr müßt Euch selbst wehren dagegen, daß man Euer Haus niederreißen will. Zeigt dem Münchener Gesindel, mit dem die klassenbewußte Arbeiterschaft Bayerns nichts zu tun hat, daß es noch ein bayerisches Volk gibt, das entschlossen ist, seine Existenz bis zum Aeußersten zu verteidigen.

Meldet Euch zu der von der Regierung organisierten Volkswehr in der nächsten Garnison,

wo ihr auch über die Einzelheiten hinsichtlich Löhnung, Verpflegung u. s. w. Auskunft erhaltet. Das Fahrgeld wird Euch vergütet. Die Militärpapiere sind mitzubringen. Bringt dieses Opfer für die kurze Zeit, die erforderlich ist, um Ruhe und Ordnung wiederherzustellen, wenn Ihr einig seid.

Die Regierung des Volksstaates Bayern.

Flugblatt „Arbeiter, Soldaten, Bauern, Bürger", 1919

Auf einem Flugblatt an die „Arbeiter, Soldaten, Bauern, Bürger!", das von der Regierung des Volksstaats Bayern ohne die Nennung näherer Verantwortlicher unterzeichnet ist, wird etwa die Lage Münchens „als vor dem Untergang" bezeichnet. Grund dafür sei die „skrupellose[ ] Wühl- und Hetzarbeit einiger landfremder bolschewistischer Agenten".5 Das Flugblatt informiert im Folgenden darüber, dass württembergische Truppen zu Hilfe kommen würden, und fordert zum Beitritt zu der „von der Regierung organisierten Volkswehr" auf. Auch ein weiteres Flugblatt der Regierung Hoffmann, das sich an die „Bayern! Volksgenossen! Arbeiter, Bauern und Bürger!" richtet, gibt an, dass die Regierung „in ihrer höchsten Not" württembergische Soldaten zu Hilfe gerufen habe. Hier ist der Ton gegen die Räte ähnlich unsachlich, sie werden als eine „wahnsinnige Minderheit", „eine Anzahl Tollhäusler" bezeichnet. Durch die Presse werden in der Bevölkerung massiv Ängste geschürt. So etwa wird die Ankündigung einer eigenen Revolutionsjustiz in der Proklamation der ersten Räterepublik vielfach zu Horrorbildern umgedeutet. Auch das Flugblatt „Arbeiter, Soldaten, Bauern, Bürger!" geht auf die Revolutionstribunale ein. Hier heißt es: „Sie haben Tribunale eingesetzt, die jeden mit dem Tode bedrohen, der sich nicht ihren Machtsprüchen fügt."6 Tatsächlich ist jedoch erwiesen, dass das Tribunal als sehr harmlos und milde angesehen werden kann und auch Gegenrevolutionäre nicht schwer bestraft werden.7

Flugblatt „Bayern! Volksgenossen!", 1919

Gezielt greifen die Flugblätter die Schriftsteller an. Ein Flugblatt, das für die Regierung Hoffmann wirbt und per Flugzeug in Mengen über München abgeworfen wird, ist ein Beispiel für das verleumderische Vorgehen gegen einzelne Personen der Räterepubliken.

4 VON DER REVOLUTION ZUR REAKTION

Werktätiges Volk Münchens!

Wilst Du Dich noch länger von verkommenen Literaten und Revolutionsbummlern terrorisieren lassen? Von einem **Dr. Lipp**, dem früheren **Polizeispitzel** des großen Generalstabes, der Kurt Eisner an Ludendorff **denunzierte**, von einem **Dr. Levien**, dessen Gehirnsyphilis schon unter der Regierung Eisners zu einem Haftbefehl wegen **gemeingefährlicher Geisteskrankheit** führte, von einem **Dr. Wadler**, der während des Krieges als altdeutscher Offizier **sich für Deportation der belgischen Arbeiter** einsetzte, von einem **Erich Mühsam**, diesem verlumpten Kaffeehausliteraten, der in seinem ganzem Leben noch nie gearbeitet hat?

Arbeiter! Soldaten!

Laßt Euch das Treiben dieses Gesindels nicht länger gefallen, das Euch, um sich die Taschen zu füllen in **Elend und Hungersnot** und Verzweiflung führt. **Nieder mit der Rätediktatur! Es lebe das sozialistische Ministerium Hoffmann!**

Die Arbeiter- und Soldatenräte Nordbayerns.

Flugblatt „Werktätiges Volk Münchens!", 1919

Levien wird hier als Fall von „gemeingefährlicher Geisteskrankheit" dargestellt und Mühsam als „verlumpte[r] Kaffeehausliterat[ ], der in seinem ganzen Leben noch nie gearbeitet hat".[8] Besonders das Feindbild der „Literaten" wird immer wieder bedient, oft in Verbindung mit antisemitischen Aussagen, die sich auf die jüdische Herkunft der Schriftsteller Eisner, Landauer, Mühsam und Toller beziehen. Ein weiteres Flugblatt der Regierung Hoffmann etwa schreibt von der „Diktatur wahnwitziger Literaten"[9]. Diese Propagandakampagne der mehrheitssozialistischen Regierung zur Mobilisierung der Gegenrevolution nimmt maßgeblichen Einfluss auf die Verbreitung von Vorurteilen und Feindbildern.[10] Diese werden von bürgerlichen über antisemitische bis hin zu völkischen Kreisen von zahlreichen Gegnern des Rätesystems aufgegriffen.

> # An die Bürger der Räterepublik!
>
> In Baiern werden Flugblätter verteilt, die in der würdelosesten und verbrecherischsten Weise die Leidenschaften der Massen gegen die Juden aufzuhetzen versuchen. Gleichzeitig hetzen bürgerliche Provokateure gegen die Juden auf den Straßen. Hinter dieser Organisation steckt eine ganz Deutschland überziehende Organisation reaktionärer Verschwörer, die die Massen zu Judenpogromen hinreißen wollen, um den Freikorps Preußens den Weg nach Baiern zu öffnen und die proletarische Revolution niederzuschlagen. Die Bevölkerung wird aufgefordert, schärfste Disziplin zu üben und selbständig jedes dieser niederträchtigen Elemente sofort zu verhaften und der Polizei zu übergeben, damit sie vor das Revolutionsgericht gestellt werden können. Wie nichtswürdig die ganze Hetze ist, mag jeder Bürger daraus ersehen, daß diese ganze niederträchtige Provokation der Massen aus dem Hinterhalt feiger Anonymität unternommen wird.
>
> ## Der provisorische revolutionäre Zentralrat
>
> I. A.: Ernst Toller

Flugblatt „An die Bürger der Räterepublik!", 8. April 1919

Schon während der ersten Phase der Räterepublik versuchen die Räte sich gegen die Verleumdungen zu wehren. Etwa das von Toller in seiner Funktion beim Revolutionären Zentralrat gezeichnete Flugblatt „An die Bürger der Räterepublik!" zeigt die Aufklärungsversuche und verweist besonders darauf, dass die gegenrevolutionären Flugblätter „in der würdelosesten und verbrecherischsten Weise die Leidenschaften der Massen gegen die Juden aufzuhetzen versuchen"[11].

Die Lage spitzt sich weiter zu, am 16. April 1919 kommt es bei Dachau zu Kämpfen zwischen Roter Armee und Regierungstruppen. Toller ist als Kommandant vor Ort. Zenzl Mühsam hilft bei der Versorgung der Truppen.

4 VON DER REVOLUTION ZUR REAKTION

Panzerwagen der Freikorpseinheiten, 1919 (Foto: Heinrich Hoffmann)

Am 1. Mai 1919 ist München von Regierungstruppen umschlossen und die Räterepublik wird brutal niedergeschlagen. Unterstützt wird die Reichswehr durch Freikorps, die im völkischen Umfeld und bei den auf Wiederverwendung hoffenden Soldaten angeworben werden.[12] Reichswehr- und Freikorpsverbände besetzen am 2. Mai die Stadt, es kommt zu teils heftigen Straßenkämpfen; das Vorgehen der gegenrevolutionären Truppen zeichnet sich durch äußerste Brutalität aus.[13] Am 1. Mai wird auch Landauer im Haus der Witwe Eisners in Großhadern verhaftet. Einen Tag später wird er im Gefängnis Stadelheim von Soldaten misshandelt und erschossen.

> *Vor einem Jahr, als man mich beim Streik verhaftete, weigerte ich mich, die Uniform anzuziehen und Waffen zu tragen. Ich haßte die Gewalt und hatte mir geschworen, Gewalt eher zu leiden als zu tun. Durfte ich jetzt, da die Revolution angegriffen war, diesen Schwur brechen? Ich mußte es tun.*
> Ernst Toller, Eine Jugend in Deutschland, 1933

Innerhalb einer Woche werden über 400 standrechtliche Erschießungen vorgenommen. Reichswehr und Freikorps durchkämmen München, und jeder, der als „Spartakist" verdächtig scheint, bangt um sein Leben. Schätzungen gehen von über 1000 Toten aus, zu großen Teilen getötet von den „Weißgardisten". Verhaftungen und Prozesse treffen mehrheitlich die Anhänger der Räterepublik.

> *Der revolutionäre Mensch ist der, der seiner Zeit vorausstrebt, vorausdenkt, vorauslebt. Vor zehn Jahren endete das leibliche Leben Gustav Landauers in greulichem Mord; die Vergangenheit wehrte sich gegen die Zukunft und massakrierte ihren besten Herold.*
> Erich Mühsam, Der revolutionäre Mensch Gustav Landauer, 1929

Niederschlagung der Räterepublik

Regierungstruppen, Mai 1919 (Foto: Heinrich Hoffmann)

Festnahme Gustav Landauers. Landauer (mittig im Bild) ist unbewaffnet, direkt neben ihm geht ein Soldat mit Gewehr, 2. Mai 1919

> Überall zogen lange Reihen verhafteter, zerschundener, blutig geschlagener Arbeiter mit hochgehaltenen Armen. Seitlich, hinten und vorne marschierten Soldaten, brüllten, wenn ein erlahmender Arm niedersinken wollte, stießen mit Gewehrkolben in die Rippen, schlugen mit Fäusten auf die Zitternden ein. [...] Die Räterepublik war zu Ende.
>
> Oskar Maria Graf, Wir sind Gefangene, 1927

Toller kann sich in den Wirren der Niederschlagung verstecken. Der schon bald steckbrieflich mit einer hohen Belohnung Gesuchte taucht unter und wechselt mehrmals das Versteck. Am 4. Juni wird er aufgrund einer Denunziation gefunden. Er hatte sich unkenntlich gemacht, trägt einen schwarzen Bart und rote Haare, gibt sich der Polizei auf Nachfrage jedoch sofort zu erkennen und wird verhaftet. Im Juli 1919 stehen er und Mühsam dann vor dem Standgericht. Vor dem Hintergrund der Geschehnisse seit dem 1. Mai befürchtet man nach der Verhaftung Tollers, auch er könne „Opfer einer voreiligen und terroristischen Ausnahmejustiz"[14] werden und vor dem Standgericht zum Tode verurteilt werden. Zahlreiche Intellektuelle, wie Hermann Bahr, Franz Blei, Robert Musil oder Franz Werfel, setzten sich daher für ihn ein, sie wenden sich mit einem Telegramm an die *Münchener Post* und die Regierung und erinnern an Tollers stetes Eintreten für „wahre Menschlichkeit".[15]

Steckbrief zur Fahndung nach Ernst Toller, Mai 1919

Erich Mühsam vor dem Standgericht, 1919

Propaganda der Gegenrevolution

![Telegramm]

Telegramm an die Münchener Post, in dem sich verschiedene Schriftsteller für Toller einsetzen, 12. Juni 1919

„WIE NICHTSWÜRDIG DIE GANZE HETZE IST ..." –
PROPAGANDA DER GEGENREVOLUTION

Die Schriftsteller sind massiven Angriffen der Propaganda ihrer Gegner ausgesetzt. Große Teile der Gegenstimmen zur Revolution, ob aus dem liberal-konservativen Bürgertum oder aus völkischen Kreisen, üben keine sachliche Kritik am politischen Handeln der Revolutionäre. Eisner, Landauer, Mühsam und Toller werden als Intellektuelle, wegen ihrer jüdischen Herkunft und weil sie nicht aus Bayern stammen angegriffen. In ihrer Selbstwahrnehmung steht ihre jüdische Identität nicht im Mittelpunkt, in der Zuschreibung ihrer Gegner aber werden sie als jüdisch diffamiert. Antisemitis-

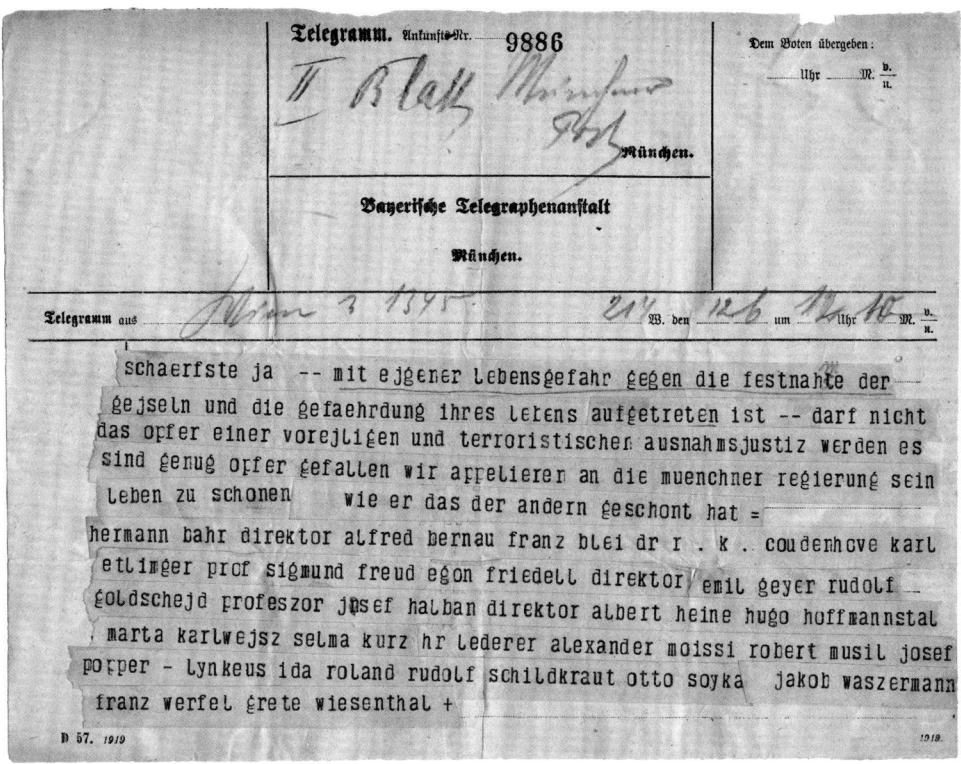

Antisemitischer Drohbrief an Erich Mühsam, Frühjahr 1919

Antisemitische Karikatur auf der Titelseite des Flugblatts „An alle Schaffenden!", 1919

mus war bereits in den Vorkriegsjahren in der Gesellschaft vertreten, nimmt aber ab 1919 an Schärfe zu. In der Presse und mit Flugblättern betreibt die Gegenrevolution Hetze, schafft Feindbilder und arbeitet bewusst mit Vorurteilen und Lügen. Besonders nach der Niederschlagung wird davon auch die Berichterstattung über die Ereignisse geprägt. Feindbilder und Vorurteile finden Eingang in die Geschichtsschreibung und werden von rechts weiter propagandistisch genutzt. Die Wahrnehmung der Ereignisse von November 1918 bis Mai 1919 ist – teils bis heute – maßgeblich davon geprägt. Im Folgenden sollen einige Beispiele für diese Propaganda der Gegenrevolution näher in den Blick genommen werden.

Das Flugblatt mit der Überschrift „An alle Schaffenden!", das im Frühjahr 1919 in München im Umlauf ist, zeigt gleich mehrere Argumentationsmuster der antisemitischen Hetze. Den Juden wird in solchen Veröffentlichungen häufig die Schuld für die Niederlage im Krieg zugeschoben, und die Beteiligung von Sozialisten jüdischer Herkunft an Revolution und Räteregierung dient der Schaffung des Feindbilds eines „jüdischen Bolschewismus".[16] Die Titelseite zeigt eine antisemitische Karikatur, eine Person, die Merkmale aufweist, die von der antisemitischen Hetze als typisch für Juden dargestellt werden, wie etwa ein große, gebogene Nase; sie führt den personifizierten Tod über die russische Grenze nach Deutschland.[17] Untertitelt ist die Zeichnung mit dem Text: „Herr Todleben, gehen Se nur erein. Insere Lait haben in Daitschland vorbereitet alles."[18] Auf den vier Textseiten wird dann ausführlich der angeblich schädigende jüdische Einfluss auf die Lage Bayerns dargelegt. Juden hätten sich vor dem Krieg gedrückt, das gesamte Großkapital sei jüdisch, und gleichzeitig würden Juden „Interesse für die Arbeiter" vorspiegeln.[19] Davon ausgehend greift das Flugblatt die Räteregierung an und stellt diese als Ausprägung des „jüdischen Bolschewismus" dar: „Bolschewismus bedeutet zunächst Gewaltherrschaft des Verbrechertums unter jüdischer Organisierung und Leitung / Kampf gegen die rechtschaffene Menschheit!"[20] Die Revolution wird dann als ausschließlich von Juden gemacht dargestellt, nur die Akteure mit jüdischer Herkunft werden genannt. In großer Typografie heißt es: „Es sind nur Juden, nur Juden!!" Betont wird dabei auch, dass es sich bei diesen angeblich einheitlich um „ungerufene[ ] Ausländer und Berliner Juden" handle. Dem schließt sich eine hetzerische Frage samt Antwort an: „Das sind eure Aufklärer? – Nein, Eure Verführer, Verhetzer, Verderber!"[21] Ebenfalls typografisch hervorgehoben folgt dann

Propaganda der Gegenrevolution

An alle Werktätigen!

An alle, die arbeiten, ganz gleich, was und wo, wenn sie nur arbeiten!
An alle vernünftigen Menschen!

Kein Besitz heutzutage, über den nicht gewettert würde. Industrie, Agrarier, Kirche, Bürger — wer Geld hat oder wenigstens zu haben scheint, jeder bekommt sein Fett ab. Nur von einem wird nicht gesprochen, darüber hört man nie ein Wort, nie eine Silbe; und es gibt doch nichts auf der Welt, was so ein Fluch der Menschheit wäre wie dieses. Ich meine

das Leihkapital!

Kennt ihr es? Gehört hat wohl jeder schon davon, aber kennen, so richtig kennen — ich glaube nicht, daß ihr es tut. Sonst würdet ihr noch heute allen Hader vergessen und hingehen, Arm in Arm, und das Scheusal erwürgen, eh's wieder Morgen wird. Ich will es euch schildern, in kurzen Umrissen. Aber hört gut zu! Denn wenn irgendeine Aufklärung euch zu dem machen kann, was ihr ersehnt, nämlich zu freien, zu glücklichen Menschen — nur diese vermag es. Keine andre als diese!

Das Leihkapital bringt Geld ein ohne Arbeit, bringt es ein durch den Zins. Ich wiederhole: ohne daß er den Finger zu rühren braucht, vermehrt der Kapitalist durch Verleihen seines Geldes sein Vermögen. Es wächst von selbst. Noch so faul darf einer sein — wenn er Geld genug hat und es auf Zinsen legt, führt er das schönste Leben; und auch seine Kinder brauchen nichts zu arbeiten, seine Enkel, seine Urenkel, bis in alle Ewigkeit! Wie ungerecht das ist, wie schamlos, fühlt es nicht jeder?

Ins Unermeßliche wächst es, dieses Leihkapital, durch den Zinseszins. Nur ein Beispiel: Anno 1806 setzte das Leihgeschäft des Hauses Rothschild ein, mit den Millionen, die ihm der landesflüchtige Kurfürst von Hessen anvertraut hatte. Etwas über 30 Millionen werden es gewesen sein, auf keinen Fall mehr als zwanzig. Heute, nach rund 110 Jahren, beträgt das Vermögen der Rothschild 40 Milliarden!

40 Milliarden besitzt das Haus Rothschild!

Nicht Millionen, sondern Milliarden! Wenn das so fortgeht, wird es 80 Milliarden im Jahr 1938, wird es 160 Milliarden im Jahr 1980 und 320 Milliarden im Jahr 1968 besitzen. Milliarden! Wie der Wahn eines Tollhäuslers klingt das, aber es ist wahr! Nur verwalten brauchen die Rothschild ihr Vermögen, bloß dafür sorgen, daß es immer hübsch angelegt ist; arbeiten, wenigstens was man so unter Arbeit versteht, brauchen sie nicht.

Wer aber vermehrt ihnen und ihresgleichen das Geld in so gewaltigem Maße? Irgendwoher muß doch der Zins kommen, irgendwo müssen doch diese neuen Milliarden und aber Milliarden in harter Fron erarbeitet werden! Wer tut das? Ihr tut das, niemand anders als ihr! Jawohl, euer Geld ist es, unter Kummer und Sorgen mühsam verdient, das wie magnetisch angezogen hinüberfließt in die Kassen jener unersättlichen Leute!

Nochmals: das einzige Haus Rothschild besitzt 40 Milliarden. Aber davon hört man nichts, nie ein Wort! Immer nur hört man von den Agrariern, von der Schwerindustrie, von der Industrie überhaupt; und einzig und allein auf diese Wirtschaftszweige erstreckt sich, mit betäubendem Geschrei, der Verstaatlichungsplan unserer führenden Revolutionsmänner! „Nichts andres da zum Sozialisieren!" trommeln und pfeifen sie euch ins Ohr, bis ihr's glaubt und froh seid, daß sich der Edelmut so um euch sorgt. Pfiffig gedacht, muß ich sagen, und pfiffig gemacht. Wißt ihr, wieviel das Kapital unserer gesamten Industrie beträgt?

Noch nicht 12 Milliarden beträgt das Kapital der gesamten deutschen Industrie!

Macht euch das klar! Auf allen Gebieten, in unserer Industrie für Eisen und Kohlen, für Kleidung und Textilwaren, für Stein und Erden, Bergwerke und Schiffahrt, Holz und Glas, in unserem Baugewerbe, in den riesigen chemischen Fabriken, in unserer einst weltbeherrschenden elektrischen Industrie, in unseren Maschinen- und Lokomotivfabriken, Werften und Papierfabriken, in der Transport- und Lebensmittelindustrie, kurz und gut, in dem unendlich weiten Gebiet aller, aber auch aller Industrien, stecken noch keine 12 Milliarden!" Gerechnet nach dem glänzenden Stand der Friedenszeit! Schon damals aber besaß

40 Milliarden das einzige Haus Rothschild!

Was mag es wohl heute besitzen, nach den ungeheuren Zinsen, die ihm der Krieg bescherte! Sämtliche Agrarier der ganzen Welt dürft ihr zusammenfassen, und sie erreichen mit ihrem Barvermögen auch nicht annähernd die 40 Milliarden der einen Familie Rothschild!

Solche „Rothschild" gibt es aber bei uns eine ganze Anzahl: die Mendelssohn, die Bleichröder, die Friedländer, die Warburg, um nur ein paar der wichtigsten zu nennen. Und wenn auch keiner von ihnen dem gigantischen Vorbild es gleichtut, so hat doch wohl jeder an Kapitalrenten mehr zu verzehren als unsere ausgesprochenen Agrarier alle zusammen! Trotzdem aber sind es gerade die Grundbesitzer, die wir von den „Rettern des Volkes" immer wieder als die schlimmsten, ja als die einzigen Ausbeuter gebrandmarkt bekommen, während der wahren Blutsauger nie einer Erwähnung geschieht, auch nicht die leiseste! Abgelenkt werden wir geflissentlich auf das weitaus geringere Übel, damit wir das Hauptübel nicht sehen, das alles verschlingende Leihkapital; und so wird es gehandhabt seit Marx und Lassalle bis herauf zu Levien, Landauer und Mühsam! Gehn euch jetzt die Augen noch nicht auf?

Antisemitisches Flugblatt „An alle Werktätigen!", 1919

die Behauptung: „Das Bayernvolk will in Frieden leben und würde in Frieden leben, wenn das Judentum es nicht hintertriebe."[22] Das Flugblatt ruft dann zum Vorgehen gegen die Regierung und gegen die Juden auf.

Teile des hier konstruierten Feindbildes finden sich auch auf dem Flugblatt „An alle Werktätigen!", das anders als die meisten dieser Blätter einen Verfasser angibt: „Dietrich Eckart. Herausgeber der Wochenschrift *Auf gut deutsch*, München, Tengstraße 38. Wer mir beistimmt, möge mir unverbindlich seine Adresse mitteilen."[23] Dietrich Eckart bewegt sich im Umfeld der *Thule-Gesellschaft* und tritt bereits seit 1915 als Verfasser rechter und antisemitischer Schriften auf.[24] Von 1918 bis 1920 gibt er außerdem die Wochenschrift *Auf gut deutsch* heraus, die vor allem nachträglich die Ereignisse aus Revolution und Rätezeit propagandistisch bewertet. 1919 zählt er zu den Mitbegründern der Deutschen Arbeiterpartei, dem Vorläufer der NSDAP, und 1921 wird er Chefredakteur des *Völkischen Beobachters*. Schon 1919 werden in den Veröffentlichungen aus dem Umfeld Eckarts verschiedene Richtungen der sozialistischen Arbeiterbewegung im Feindbild des „Bolschewismus" gebündelt. Nicht zuletzt sollen so auch Arbeiter als Wähler abgeworben und für das nationale Lager gewonnen werden.[25]

Die Ortsgruppe München des *Zentralvereins Deutscher Staatsbürger jüdischen Glaubens* wehrt sich mit einem Flugblatt unter dem Titel „An alle ehrlichen Volksgenossen!" gegen die Darstellung der Revolution als „jüdisch".[26] Die von der rechten Propaganda postulierte Verbindung von Bolschewismus und Judentum wird hier widerlegt. Sachlich wird darauf hingewiesen, dass Juden „in allen Parteilagern" stünden und deren Ziele keine „jüdischen Ziele", sondern Ziele der jeweiligen Parteien seien. Das Flugblatt bezieht klar Position, wo die antisemitischen Stimmungen zu verorten sind, indem der „Zweck der ganzen Hetze" genannt wird: „Den jungen Freistaat in Deutschland zu vernichten, damit verdrängte Kostgänger der alten Herrschaftsform wieder hoch kommen."[27] Die Gegenwehr aus der jüdischen Gemeinde argumentiert sehr genau gegen die antisemitische Hetze, betont aber auch, dass sie keineswegs hinter den Revolutionären steht. „Wir Juden als Gemeinschaft treten weder für noch gegen eine einzelne Partei ein, außer gegen die antisemitische. Aber wir wehren uns gegen den niederträchtigen Versuch, die Schuld an irgendwelchen Missständen allein den Juden aufzuhalsen, den Versuch, nicht offen die Handlungen missliebiger Parteien, sondern die Person und jüdische Abstammung ihrer Führer anzugreifen."[28]

In der Zeit nach der Niederschlagung bis Oktober 1919 erscheint auch die Zeitschrift *Feurjo!*, die vom *Heimatdienst Bayern für Ordnung, Recht und Aufbau*, einer Gemeinschaftsorganisation aus Reichswehr, bürgerlichen Parteien und Wirtschaftsverbänden, herausgegeben wird. Das antibolschewistische Propagandablatt verfügt über „beinah unbegrenzte finanzielle Mittel" und kann daher in sehr hoher Stückzahl verbreitet werden.[29] Die Zahlen reichen an die auflagenstärkste Zeitung in ganz Bayern heran: Schon bei der ersten Ausgabe liegen sie bei 40.000, später bei bis zu 100.000. Im Programmentwurf des Blattes heißt es: „Feurjo! will den Bolschewismus mit geistigen Waffen bekämpfen und dabei auch auf die schrecklichen wirtschaftlichen Folgen, die er notwendig erzeugt, hinweisen. Erster Grundsatz soll dabei aber sein: Ablehnung aller Gräuelgeschichten, unbedingte Wahrhaftigkeit, Verbreitung statistischen, wissenschaftlichen Materials, das ganz einwandfrei ist."[30] Das Blatt enthält keine antisemitische Hetze, erreicht jedoch über die Auswahl und propagandistische Aufmachung der Fakten zum Bolschewismus dennoch eine Verfälschung der

Propaganda der Gegenrevolution

An alle ehrlichen Volksgenossen!

Eine offene Erwiderung.

Mit **Fälschungen und Lügen** arbeitet ein Flugblatt, dessen Verfasser seinen Namen **feige verbirgt**. Tatsachen behauptet er zu bringen und verbreitet nur Unwahrheit. Gegen die **Juden** hetzt er, und zielt damit auf die junge Freiheit der Deutschen.

Unser Verein vertritt mehr als 200 000 deutsche Juden, die freudig und hingebend an Deutschlands Aufstieg teilgenommen und auch jetzt an ihrem deutschen Vaterland in seiner Not und Erniedrigung festhalten. Das gibt uns das Recht, sinnlose Beschuldigungen zurückzuweisen, die ein Verleumder aus seiner Verborgenheit gegen die jüdische Gesamtheit schleudert. Einige Männer mit **jüdisch klingenden Namen** nennt er unterschiedslos Verführer und Verderber. Er verschweigt, daß fast alle den Glauben ihrer Väter längst aufgegeben haben, daß sie außerhalb aller jüdischen Organisationen stehen, daß sie Parteizwecke aber

nicht jüdische Ziele

verfolgen.

Er behauptet: „Es ist nicht ein einziger russischer Minister und Führer Nicht-Jude". Er **muß aber wissen**, daß beispielsweise **Lenin**, das Haupt des russischen Bolschewismus altrussisch adeliger Abkunft ist. „Bolschewismus ist Judenmache", ruft er aus und wirft die **Mehrheitssozialisten Südekum und Heine**, ja den **bürgerlichen Preuß** mit den **Unabhängigen** und **Kommunisten** zusammen. Ist es ein Verbrechen, wenn Juden bei den Parteien an führender Stelle mitarbeiten, zu denen ihre **persönliche Überzeugung** sie hinführt? Wir haben über die Richtigkeit dieser Überzeugung nicht zu urteilen. Wir wissen, daß viele aus unseren Reihen die Politik dieser radikalen Führer leidenschaftlich bekämpfen. Juden stehen in allen Parteilagern; aber ist es zu verwundern, wenn mit den tausenden und abertausenden unterdrückten Proletariern auch einzelne Juden, die trotz ihrer Befähigung unter den alten Gewalthabern vom untergeordnetsten Staatsamt ausgeschlossen waren, jetzt an leitende Stellen gelangen?

Ueberlegt Euch nur:

Was bedeuten die paar Dutzend jüdischen Führer, die da zusammengezählt werden, gegenüber den 600 000 Juden in Deutschland, die seit Jahren im Land redlich und fleißig ihrem Beruf nachgehen, mit denen Eure Eltern schon geschäftlich und persönlich vertrauensvoll verkehrt haben, bei denen Ihr eingekauft, die hunderten von Euch als Lieferanten zu verdienen gegeben haben? Was bedeuten die paar Dutzend jüdischer Führer gegenüber den **Millionen Nichtjuden**, hinter denen revolutionären Parteien stehen, ohne die die Führer machtlos wären, heute, da die Massen selbst ihre Angelegenheiten in die Hand genommen haben?

Einige weitere Beispiele, wie verlogen das ganze Machwerk ist: Da heißt es, der Jude habe sich während des Kriegs um alle Pflichten gedrückt; wir wissen, daß **tausende jüdische Kriegsfreiwillige** zu den Fahnen geeilt sind, daß tausende jüdische Mütter ihre Söhne als **Opfer des Weltkriegs** betrauern. In einer kürzlich erschienenen Schrift sind aus der großen Zahl jüdischer Flieger über 80 **namentlich aufgeführt**, von denen ein großer Teil gefallen ist.

Da heißt es weiter: „Es gäbe unter den Juden keine Fabrikarbeiter, keine Handwerker, keine Bahn- und Postbedienstete, keine Bauern." In Wahrheit gibt es in Deutschland jüdische Handwerker, wie Bäcker und Metzger, Optiker und Uhrmacher und sonstige. Wenn ihre Zahl klein ist, liegt es an den jahrhundertelangen Beschränkungen einer **rückständigen Gesetzgebung**, die sie von Grunderwerb und Zünften ausschloß und sie in den Handel drängte.

Das Flugblatt wärmt den alten **längst widerlegten Schwindel** wieder auf, daß die Kriegsleder-Aktiengesellschaft 2640% Dividende verteilt hätte. Wir haben keinen Anlaß, uns der Kriegsgesellschaften besonders anzunehmen. Wäre obiger Vorwurf wahr, er träfe nur die christlichen Leiter dieser Gesellschaft. Eingehende Feststellungen haben ergeben, daß unter den **18** Gründern der Kriegsleder-A.-G. nur

eine jüdische

Firma war, von ihren gegenwärtig 43 Mitgliedern nur 3 Juden sind, die am Gesamtkapital von 2 Millionen nur mit 215 000 M. beteiligt sind.

Das Flugblatt klagt über Wucher, Betrug und Ausbeutung im neuen Deutschland. Es ist unvermeidlich und unbestreitbar, daß daran **neben Andersgläubigen** auch Juden beteiligt sind. Niemand bedauert und verurteilt dieses härter als wir selbst.

Aber daß **alle** beim Millionenwucher mit Militärgut Beteiligten **nur** Juden seien, ist eine dumme und nichtswürdige Lüge.

Flugblatt „An alle ehrlichen Volksgenossen!", 1919

Feurjo, Zeitschrift des Heimatdienstes Bayern für Ordnung, Recht und Aufbau, *München 1919*

Ereignisse der Rätezeit. Betreut wird die Zeitschrift von Fritz Gerlich, der auch für die *Süddeutschen Monatshefte* schreibt. Diese nehmen nach dem Krieg eine nationalistische Position ein, die auch der Herausgeber Paul Nikolaus Cossmann teilt. In seinem Artikel *Bolschewismus und Christentum* vom April 1919 behauptet er nicht nur, dass russische Juden in Bayern die Revolution gemacht und „sich voll gefressen" hätten, sondern konstatiert, dass der jüdische Sozialismus materialistisch bzw. kapitalistisch orientiert sei.[31] Die Revolution wird in seinen Artikeln noch in den 1920er-Jahren massiv angegriffen. Auch Josef Hofmiller, dessen *Revolutionstagebuch 1918/19* zu den bürgerlich-konservativen Berichten über die Revolutionszeit zählt, veröffentlicht Artikel in den *Süddeutschen Monatsheften*.

Ein anderer zentraler Aspekt der gegenrevolutionären Propaganda ist die fotografische Darstellung der Ereignisse. Die wenigen erhaltenen Fotos etwa stammen zu großen Teilen von Heinrich Hoffmann, der später eine zentrale Rolle in Hitlers Propagandaapparat spielen wird und schon 1918 seine Fotografie bewusst propagandistisch nutzt. Er verkauft seine Bilder auch als Postkarten. Da in München außer der Halbmonatszeitschrift *Das Bayerland* in den Jahren 1918 und 1919 keine illustrierte Zeitung erscheint, haben diese durchaus einen Wert als Informationsmedium.[32] Der Großteil der Bildpostkarten Hoffmanns erscheint ab Mai 1919. Somit tragen sie zur rückblickenden propagandistischen Darstellung der Ereignisse bei. Etwa wird der Freikorpsführer Epp in heroischer Pose gezeigt, von Toller und Leviné aber werden Polizeiaufnahmen als Postkarten vertrieben.[33] Ein Ungleichgewicht herrscht auch bei den dokumentarischen Fotografien: Während ein

Verbot zur Aufnahme soldatischer Gewalttaten besteht, gilt Hoffmanns Interesse ganz besonders dem Fotografieren von Zerstörung, die von den Räterepublikanern ausgeht.³⁴ Zum ersten Jahrestag der Revolution veröffentlicht er in der Broschüre *Ein Jahr Bayrische Revolution im Bilde* eine umfangreiche Rückschau seiner Fotografien. Schon die Erstauflage liegt bei 10.000 Exemplaren, 1920 erscheint eine weitere Auflage in gleicher Höhe, 1937 werden nochmals 100.000 Stück nachgedruckt.³⁵ Die Zusammenstellung von über 130 Abbildungen wird von einem Text des ehemaligen Kriegsberichterstatters und Mitarbeiters der *Münchener Zeitung* Emil Herold begleitet. Die Texte kommentieren die Ereignisse in eindeutig intellektuellenfeindlichem, nationalistischem und antisemitischem Ton. Durch den scheinbar objektiven Charakter der fotografischen Dokumentation ist die propagandistische Wirkung umso größer und trägt so maßgeblich zur negativen Mythenbildung über die Revolution bei. Auch die negative Darstellung der Schriftsteller in der Revolution wird hier unterstützt, etwa stehen die Seiten zur Räterepublik unter dem Motto „Hättet ihr Schwabing seinen Karneval gegeben, ihr hättet euch die Räterepublik erspart!"³⁶

Photobericht Hoffmann: Ein Jahr Bayrische Revolution im Bilde, *1919*

„VERANTWORTLICH FÜHLE ICH MICH VOR DEM VOLKE" – REVOLUTIONÄRE VOR DEM STANDGERICHT

Vom 7. bis 12. Juli findet vor dem Münchner Standgericht der Hochverratsprozess gegen Erich Mühsam statt, in dem er zu 15 Jahren Festungshaft verurteilt wird. Diese sitzt er erst in Ansbach und ab 1920 in der Festung Niederschönenfeld ab. Von 14. bis 16. Juli wird Ernst Toller der Prozess gemacht: Er wird zu fünf Jahren Festungshaft verurteilt. Nach der Verurteilung muss er zu einer Operation ins Krankenhaus und tritt am 24. September 1919 seine Haft in der provisorischen Festungshaftanstalt Eichstätt an, bevor er am 3. Februar 1920 ebenfalls nach Niederschönenfeld kommt.

> *Ich fühle mich nicht verantwortlich vor Ihnen, meine Herren; verantwortlich fühle ich mich vor dem Volke, für das ich lebe und arbeite und das allein über mich zu richten hat.*
> Erich Mühsam, Schlusswort vor dem Standgericht, Juli 1919

> *Die Revolution gleicht einem Gefäß, gefüllt mit dem pulsierenden Herzschlag der Millionen arbeitender Menschen. Nicht eher wird der revolutionäre Geist tot sein, als bis die Herzen dieser Menschen aufgehört haben zu schlagen.*
> Ernst Toller, Schlusswort vor dem Standgericht, Juli 1919

Besonders der Standgerichtsprozess gegen Toller zeigt, wie die Gegenrevolution auch hier das Feindbild von den „jüdischen Literaten", die angeblich ohne politischen Sachverstand gehandelt hätten, untermauern will. Zum einen wird Toller explizit gefragt, ob er Jude sei. Zum anderen liefern vom Gericht bestellte psychiatrische Gutachter die wissenschaftliche Untermauerung für die Einschätzung des Verhaltens der Revolutionäre als „psychopatisch". Im Falle Tollers ist der Gutachter Ernst Rüdin sowohl bei der Verhandlung nach dem Munitionsarbeiterstreik 1918 als auch beim Standgerichtsprozess 1919 vor Gericht tätig. Schon in der amtlichen Zusammenfassung der Verhöre und Untersuchungen beim Prozess 1918 wird auf seine Ausführungen verwiesen, Toller sei eine „psychachetische und hysterische Persönlichkeit", er zeige „neben desharmonischer Veranlagung, Erregbarkeit und Begeisterungsfähigkeit, Kritiklosigkeit, Eigensinn und Leichtgläubigkeit im Sinne der Idee, in die er sich grade verbissen [habe], sowie Neigung zu hysterischer Reaktionsweise, starke Beeinflussung durch die Umwelt und abnorme Neigung sich hervorzutun".[37] Untersuchungsrichter Schraub hatte Toller am 12. Juni 1918 für vier Wochen in eine psychiatrische Klinik einweisen lassen, aus der er aber bereits nach vier Tagen entlassen wurde.[38] Klinikleiter Emil Kreapelin kommt in seinem Gutachten zu folgender Einschätzung: „In seinen Ansichten zeigte er sich oft als Fanatiker, als ideologer Menschheitsbeglücker, als ‚berufen' und ‚auserlesen', den Menschen das zu geben, was sie nach seiner Meinung ohne ihn offenbar nicht fertig brächten. Er ist eine ‚überspannte, excentrische Natur'. [...] Er ist sehr labil in der Gefühlsstimmung, von äusseren Eindrücken sehr abhängig, beeinflussbar, leicht begeistert und entflammt, aber auch leicht entmutigt, enttäuscht, verbittert. [...] Dass er so, bei jedem Mangel einer gediegenen Zielstrebigkeit nur schwer sich entschließen konnte, auf ein bestimmtes nützliches Berufs- und Lebensziel loszusteuern und auch den strengen Erfordernissen des Militärdienstes und der Untersuchungshaft auf die Dauer nicht gewachsen war, ist gewiss nicht verwunderlich [...]. Durch all die aufgeführten Eigenschaften gewinnt seine Persönlichkeit etwas Ungleichmässiges, Sprunghaftes, Unstätes, Unruhiges, Widerspruchsvolles, Paradoxes." Toller ist demnach eine „psychopathische und hysterische Persönlichkeit".[39] Die Gutachter sind gleichzeitig bemüht, der Verteidigung nicht zuzuarbeiten; eine geistige Störung, die „Strafausschliessungsgrund" sein könnte, wird ausgeschlossen.[40] Ein solches Vorgehen der Verteidigung hätte aber auch Toller selbst nicht gebilligt, wie er in seinem Schlusswort vor dem Standgericht im Verfahren 1919 noch einmal deutlich macht: „Der Staatsanwalt betonte mit Recht, daß ich seine Argumentation, es könne sich bei der Beurteilung dieses Falles um psychiatrische Momente handeln, zurückweisen werde. [...] Ich habe all meine Handlungen aus sachlichen Gründen, mit kühler Überlegung, begangen und beanspruche, daß Sie mich für diese Handlungen verantwortlich machen."[41] Toller beschreibt in seinen Erinnerungen *Jugend in Deutschland*, wie Kraepelin ihm bei seinem Klinikaufenthalt im Juli 1918 in deutlicher Feindschaft beggnete, die auf unterschiedlichen politischen Haltungen beruhte:

„Der Direktor der psychiatrischen Klinik ist jener berühmte Professor Kräpelin, der in einem Münchner Bierkeller einen Bund zur Niederkämpfung Englands gegründet hat. – Herr, fährt er mich an, als ich ihm vorgeführt werde, wie können Sie es wagen, die berechtigten Machtansprüche Deutschlands zu leugnen, dieser Krieg wird gewonnen, Deutschland braucht neuen Lebensraum, Belgien und die baltischen Provinzen, Sie sind schuld, dass Paris noch nicht erobert ist, Sie verhindern den Siegfrieden, der Feind heißt England. Das Gesicht des Herrn Professor rötet sich, mit dem Pathos des manischen Versammlungsredners sucht er mich von der Notwendigkeit alldeutscher Politik zu überzeugen, ich lerne, daß es zwei Arten Kranke gibt, die harmlosen liegen in vergitterten klinkenlosen Stuben und heißen Irre, die gefährlichen weisen nach, daß Hunger ein Volk erzieht und gründen Bünde zur Niederwerfung Englands, die dürfen die harmlosen einsperren."[42]

Das hier von Toller angeführte Engagement Kraepelins für den Bund „für die Niederwerfung Englands" wie auch der beschriebene Einsatz für die alldeutsche Politik decken sich mit den Tatsachen. Der Klinikleiter lässt sich schon vor der Revolution konservativen bis völkischen Kreisen zuordnen (vgl. S. 15f.). Toller dürfte ihn sich also schon mit dem *Aufruf gegen die Deutsche Vaterlandspartei* zum Gegner gemacht haben.

Die psychiatrischen Gutachter in den Gerichtsprozessen nehmen somit ganz deutlich eine andere politische Position ein als die von ihnen untersuchten Revolutionäre. In der Darstellung ihrer Untersuchungsergebnisse lässt sich nach der Niederschlagung der Revolution noch einmal eine deutliche Zuspitzung erkennen. Über die Gerichtstermine hinaus werden die Gutachten zum Gegenstand der öffentlichen Diskussion gemacht. Im Sommer 1919 veröffentlicht Kraepelin in den *Süddeutschen Monatsheften* einen Aufsatz mit dem Titel *Psychiatrische Randbemerkungen zur Zeitgeschichte*, und der Oberarzt Eugen Kahn ist im August beim *Verein Bayrischer Psychiater* mit dem Vortrag *Psychopaten als revolutionäre Führer* zu hören.

Kraepelin will in seinem Beitrag die „ungeheuren Erlebnisse" der jüngsten Zeit aus psychologischer Sicht erläutern und geht dabei auf zahlreiche in den gegenrevolutionären Debatten der Zeit verbreitete Aspekte ein. Zu den Vorbedingungen der Revolution zählt er, dass es durch die immer häufiger auftretenden Kriegspsychosen zu einer „Erkrankung der Volksseele" gekommen sei, die zu einem Absinken der „seelische[n] Tüchtigkeit" im Heer geführt habe.[43] Er geht auf die „unbegreifliche Annahme der Waffenstillstandsbedingungen" ein und positioniert sich deutlich im Sinne der Dolchstoßlegende, den Bemühungen der politischen Rechten, die Ursachen für die Kriegsniederlage im Reich zu suchen:[44] „Auf der anderen Seite war es klar, dass durch gewaltsamen Umsturz unserer Gesellschaftsordnung und den dadurch fast mit Notwendigkeit hervorgerufenen Bürgerkrieg unsere Wehrlosigkeit gegen über unseren Feinden noch erheblich gesteigert, unsere ohnedies verzweifelte Lage noch verschlimmert werden musste."[45] Er legt dar, „dass eine Anzahl der führenden wie der untergeordneten Persönlichkeiten aus der jüngsten Volksbewegung" von psychischen Erkrankungen betroffen seien, und stellt das in einen Zusammenhang mit der „starke[n] Beteiligung der jüdischen Rasse an jenen Umwälzungen".[46] So argumentiert Kraepelin im Sinn der – nicht nur in seinem Umfeld – verbreiteten antisemitischen Ansicht, dass die Revolution von „Landfremden, Literaten und Juden, also von Außen-

Ludwig Thoma: Schwarmgeister, Typoskript für den Artikel im Miesbacher Anzeiger *vom 2. April 1921*

seitern außerhalb der bürgerlichen Gesellschaft", gemacht worden sei.[47] Die Ausführungen gehen über in ein Argumentationsmuster „rassistisch-biologistischer Auffassung", das „‚dem Judentum' die Hauptschuld an der Revolution zuschrieb[]"[48].

Die gleiche Vorgehensweise zeigt sich auch in den Ausführungen Eugen Kahns, der als Assistent für Kraepelin arbeitet. Sowohl die These, dass die Revolution von „[L]andfremden" gemacht wurde, als auch der Verweis auf die Rolle der jüdischen Revolutionäre sind bei ihm ebenfalls vertreten.[49]

Mit Hilfe des medizinischen Diskurses wird so also Stellung in politischen Diskussionen bezogen und es werden Argumentationslinien begründet, die sich ab da in der Sprache der Rechten immer wieder finden werden und besonders die rassenhygienischen Debatten der Folgejahre prägen.[50] Beispiele finden sich etwa in den unter Pseudonym veröffentlichten Artikeln Ludwig Thomas im *Miesbacher Anzeiger*. Wiederholt hetzt er gegen die Revolutionäre von 1918 und leitet die politische Unfähigkeit, die er ihnen nachsagt, aus ihrer psychischen Verfassung ab. Immer wieder finden sich in seinen Artikeln antisemitische Aussagen gegen die Revolutionäre. Im August 1921 klagt Toller gegen Nikolaus Eck, den Chefredakteur des *Miesbacher Anzeigers*, insbesondere wegen der wiederholten Verwendung des Ausdrucks „Judenbube".[51]

„DIE DICHTKUNST IST NICHTS ALS EINE MEINER WAFFEN IM KAMPF" – SCHREIBEN FÜR DEMOKRATIE UND MENSCHLICHKEIT

Bei den Standgerichtsprozessen 1919 wird Mühsam zu 15 Jahren Festungshaft verurteilt, Toller zu fünf Jahren. Ab 1920 sitzen beide in der Festungshaftanstalt Niederschönenfeld.

Sie schreiben nun unter den – teils verheerenden – Bedingungen der Festungshaft und glauben weiterhin an die Kraft des dich-

> *Hinter den dicken Mauern des Verließes liegt die Welt, an deren Schönheit, Freiheit und Glück zu arbeiten auch mir wieder gewährt sein wird. Ich glaube an das Glück der Menschheit durch die Revolution.*
> Erich Mühsam im Tagebuch, 27. April 1919

Festungshaftanstalt Niederschönenfeld, um 1920

Schreiben Erich Mühsams an Max Halbe, 27. Juli 1918

4 VON DER REVOLUTION ZUR REAKTION

Erich Mühsam in seiner Zelle in der Festungshaftanstalt Niederschönenfeld, 1921

Ernst Toller im Hof der Festungshaftanstalt Niederschönenfeld, um 1920

terischen Wortes. Mühsams Lyrikband *Brennende Erde*, sein Drama *Judas*, Tollers Drama *Masse Mensch* oder sein Gedichtband *Das Schwalbenbuch* entstehen in dieser Zeit. Mühsam füllt zusätzlich mehrere tausend Tagebuchseiten, die von Einsamkeit und Isolation, politischen Streitigkeiten unter den Gefangenen und gesundheitlichen Beschwerden berichten. Nach der Niederschlagung der Räterepublik sind Schlüsselpositionen in Ämtern und Behörden mit Akteuren der Gegenrevolution besetzt und an den Haftbedingungen zeigt sich, dass die Justiz gegen die Revolutionäre agiert. Ursprünglich gelten in der Festungshaft für politisch motivierte Straftäter, denen man eine „ehrenhafte Gesinnung" zugesteht, erleichterte Haftbedingungen. Die meist in ehemaligen Burgen Inhaftierten haben eigene Zimmer und Sondervergünstigungen, wie ein erweitertes Besuchsrecht und keinen Arbeitszwang. In der Realität wird diese Sonderbehandlung jedoch den Linken häufig nicht zuteil. Mühsam beschwert sich gleich 1919, als er noch in der Festungshaftanstalt Ansbach sitzt, in einem offenen Brief an den Justizminister Müller-Meiningen:

„Nicht allein, dass Sie uns die Besuchsempfangszeit bis zur Unerträglichkeit verkürzen, fügen Sie auch das Schimpfliche uns noch zu, dass Sie bereits Oberaufsehern Disziplinargewalt über uns verleihen. Doch die Krone wird all dem aufgesetzt durch die Bestimmung – dass die Zellen oder Stuben nachts abgesperrt sind – Herr Justizminister –, das ist ein glatter Verstoß gegen den Geist der Festungsstrafe selbst, – das ist gewöhnlicher Gefängniszwang."[52]

Günther Gerstenberg verweist darauf, dass die linken Revolutionäre offenbar durch Disziplinarmaßnahmen von ihren politischen Überzeugungen abgebracht werden sollen, während rechte und nationalistische Gefangene zur selben Zeit in anderen Anstalten die Vorzüge der Festungshaft voll erfahren.[53] Auch Toller schreibt 1920 in einem Brief über die außer Kraft gesetzten Grundsätze der Festungshaft; den Text veröffentlicht er später in seinen *Briefen aus dem Gefängnis*:

„Denn die Regierung des Freistaates Bayern hat die Festungshaft ihres Charakters beraubt, den sie besaß, als sie noch für Offiziere und Studenten bestimmt war, denen Ehrenhändel eine nicht unrühmliche Ehrenhaft eintrug. Revolutionäre Sozialisten sind zu Festungshaft verurteilt. Die sperrt man in frühere Gefängnisse und verschärft die Haft durch Quälereien und mannigfache Martern, dass die Seelen der Gefangenen mürbe werden."[54]

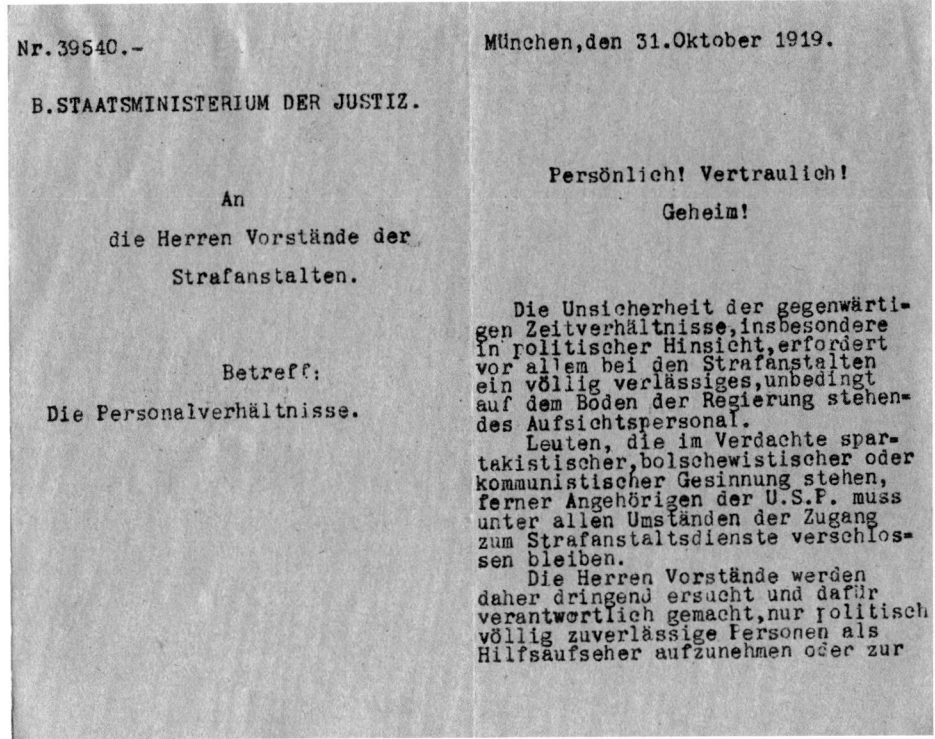

Schreiben des Staatsministeriums der Justiz an die Herren Vorstände der Strafanstalten, 31. Oktober 1919

4 VON DER REVOLUTION ZUR REAKTION

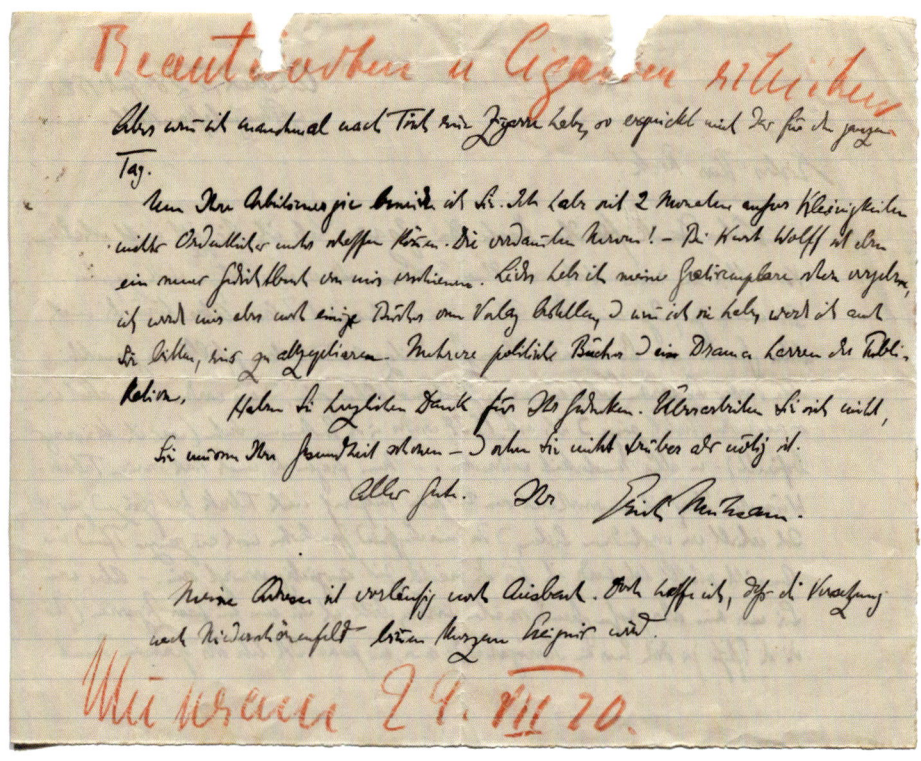

Schreiben Erich Mühsams an Friedrich Reck-Malleczewen, 28. Juli 1920

Immer wieder zeigen sich Verstöße im Vorgehen der Justiz gegen die Revolutionäre. In Niederschönenfeld werden 1920 die zur Festungshaft verurteilten Räterepublikaner versammelt. Dafür muss die Haftanstalt eine große Zahl an neuen Aufsehern einstellen, bei deren Auswahl ein besonderes Augenmerk auf ihre politische Haltung gelegt wird: Sie dürfen mit keiner linken Gruppierung sympathisieren.[55] Schikanen des reaktionären Anstaltspersonals sind entsprechend häufig. Zu den gängigen Strafverschärfungen zählen Postsperren, Einzelhaft in der Arrestzelle, Durchsuchungen und Beschlagnahmen in den Zellen, Streichung des Hofgangs, die Entfernung der Matratze aus der Zelle und Reduzierung der Kost.[56] Eigentlich stehen den Gefangenen der Festungshaft zwei Zellen zu; Fotos zeigen sie häufig in ihren „Arbeitszellen". In der Realität beschreibt Mühsam es jedoch anders: Lange Zeiten ohne elektrisches Licht oder Strafmaßnahmen wie die Einzelhaft hindern ihn am Arbeiten. Immer wieder beschreiben die Gefangenen, wie gegen die für die Festungshaft vorgesehenen Bedingungen verstoßen wird. Im Rahmen von Strafmaßnahmen werden die Gefangenen häufig in die Arrestzelle gesperrt oder müssen sogar Zwangsjacken tragen. Mühsam hält in seinen Tagebüchern fest, wie – gegen die Grundsätze der Festungshaft – einem seiner Mithäftlinge diese Strafe widerfährt:

„Auch Egensperger wurde, als er damals um Hilfe rufend hinuntergetragen wurde, gleich in die Zwangsjacke gezwungen, die man anscheinend anstatt des harten Lagers, das ja das Reichsjustizministerium als unzulässig beanstandet hat, für die der bayerischen Ehrenhaft angemessene Ersatzdisziplinierung gewählt hat."[57]

Mühsam selbst leidet auch gesundheitlich unter den Haftbedingung: Schlechtes Essen, Zugluft und Streitigkeiten um Arztbesuche führen zu verschiedenen Beschwerden, sein rechtes Ohr ertaubt in dieser Zeit.[58] Teils ist die Versorgungslage im Gefängnis schlecht, für Gegenstände des täglichen Bedarfs sind die Gefangenen auf die Hilfe von Angehörigen und Freunden angewiesen. Mühsam bittet besonders oft um Zigaretten. Seine Frau schickt ihm auch regelmäßig Lebensmittel. Oft werden die Pakete aber von den Wärtern zurückgehalten.

Den Gefangenen bleiben als Mittel nur das Verfassen von Beschwerden oder der Hungerstreik – und das Schreiben. Auch hier wird aber sehr gründlich darauf geachtet, dass keine Briefe und Texte aus den Anstalten kommen, die die Bedingungen dort kritisch schildern. Regelmäßig werden Besucher und Zellen durchsucht, die Post muss grundsätzlich die Zensur passieren. Mühsam erhält häufig auch Schreibverbot, wie eine Mitteilung über das Ausbleiben von Post an seine Frau zeigt.[59]

Laut der Untersuchung zur Gefängnisliteratur von Sigrid Weigel ist ein zentraler Aspekt des Schreibens in Haft das Bewahren der eigenen Identität.[60] Im Falle des politischen Gefangenen ist das Schreiben zudem auch die Selbstvergewisserung der eigenen politischen Einstellung. Durch das Sammeln aller Verurteilten mit linker Einstellung in Niederschönenfeld kommt es dort unter den Gefangenen – vor allem vor dem Hintergrund der letztlich gescheiterten Revolution – zu massiven Richtungsstreits und verstärkten Ausdifferenzierungen in einer Gruppe mit eigentlich gleichem Grundkonsens. Daher gilt es, die Identität nach zwei Seiten hin zu verteidigen: zum einen gegen die verhasste Obrigkeit und ihre rigiden Mittel, zum anderen gegen die politischen Kritiker aus den eigenen Reihen. Dem Schreiben von Texten mit politischer Stoßrichtung kommt daher eine wichtige Rolle für die Identitätssicherung der Schriftsteller zu. Unterschieden werden muss zwischen dem Schreiben, das die politischen Vorgänge, die Aufarbeitung der Revolutionszeit oder die eigene Autobiographie der Zeit vor der Haft zum Gegenstand hat, und den Texten, die sich konkret mit der Beschreibung der Haft befassen. Bei dieser zweiten Sorte spielen der beschreibende, die Außenwelt über die Zustände aufklärende und der die eigenen Emotionen verarbeitende Antrieb zusammen.

Dies kann an den Werken Mühsams und Tollers aus ihrer Haftzeit eindrücklich nachvollzogen werden: Mühsams erste Buchveröffentlichung dieser Periode ist der Gedichtband *Brennende Erde. Verse eines Kämpfers* von 1920. Der im Münchner Kurt Wolff Verlag

Erich Mühsam: Seite aus „Meiner Zenzl zum Hochzeitstag", 1923

veröffentlichte Band ist sein Weg, aus der Festungshaft heraus nach der brutalen Niederschlagung der Räterepublik die Hoffnung nicht aufzugeben und den politischen Kampf fortzuführen. Schon 1919, direkt nach der Welle der Solidarität vieler expressionistischer Verlage mit den Ideen der Revolutionäre, hatte er vom Verleger eine Zusage für das Buch „ausschließlich rebellischen Inhalts" – wie er selbst schreibt – bekommen. Die Veröffentlichung zieht sich jedoch noch bis Mitte 1920 hin, nicht zuletzt, da die Produktion mehrfach von der bayerischen Justiz durch die Beschlagnahmung von Korrekturfahnen, die Mühsam aus der Haft heraus bearbeitet, behindert wird. Sein Ziel für den Band ist, dass „ohne weiteres der Revolutionär nach solchen Aufrufen greifen" wird. In einem Nachtrag zu seinem ebenfalls im Gefängnis verfassten Text *Selbstbiographie* schreibt er im Dezember 1920:

> „Im Sommer 1920 erschien mein Gedichtbuch ‚Brennende Erde. Verse eines Kämpfers.' Auch diese Gedichte sollen Zeugnis des Geistes sein, der die Kunst nicht aus dem Leben herausheben, sondern dem Leben und seinem besten Teil, der Revolution, dienstbar machen will. Der Zweck heiligt die Kunst! Zweck meiner Kunst ist der gleiche, dem mein Leben gilt: Kampf! Revolution! Gleichheit! Freiheit!"[61]

Unter den Gedichten sind Texte, die den Genossen in der Freiheit Kraft und Unterstützung im politischen Kampf geben sollen, Aufarbeitungen der Ereignisse in Revolution und Rätezeit und kritische Abrechnungen mit dem System. Mühsam sammelt hier sowohl während des Krieges wegen der Zensur unveröffentlicht gebliebene als auch während der Revolution entstandene Gedichte und ergänzt diese um in der Haft neu verfasste Texte, wie *Mensch sein* von Oktober 1919:

> Trotz allem Mensch sein. Mensch bei allem bleiben
> und seinen Menschen nicht verkümmern lassen,
> wenn selbst die Sterne schon in Dunst verblassen,
> geängstigt von dem Spuk, den Menschen treiben.
>
> Mensch sein heißt nicht duldsam verweiben.
> Mensch sein erlaubt, befiehlt, den Feind zu hassen.
> Mensch sein heißt Unrecht bei der Gurgel fassen
> und es mit jedem Keim zu Staub zerreiben.
> Trotz allem Mensch sein, wär's auch mit dem Messer!
>
> Doch dem, der Menschen tötet, sei verkündigt:
> Vergossnes Blut fließt durch Gewissenssiebe.
> War vor der Bluttat deine Seele besser,
> so hast du dich am Menschentum versündigt.
> Rein bleibt der Mensch, der Blut vergießt aus Liebe.[62]

Im Gedicht reflektiert er die Frage nach der revolutionären Gewaltanwendung und der dahinterstehenden Menschlichkeit. Im selben Jahr verfasst er auch zwei theoretische Texte, die sich mit der Aufarbeitung der vergangenen Ereignisse befassen. Die Kampfschrift *Die Einigung des revolutionären Proletariats im Bolschewismus* beschäftigt sich mit der viel diskutierten Einigkeit in der Linken. Der Text wird mehrfach beschlagnahmt, kann

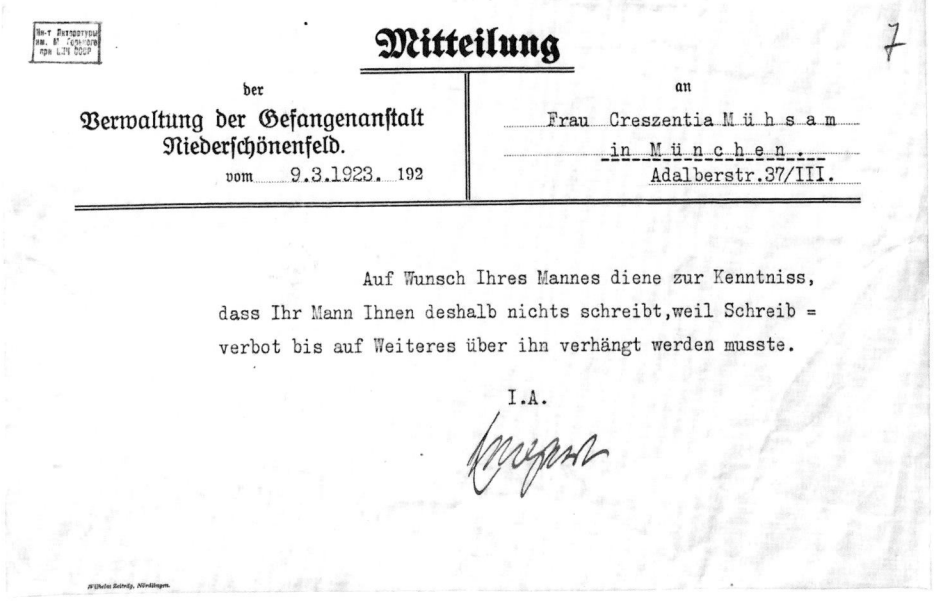

Mitteilung über Erich Mühsams Schreibverbot an Zenzl Mühsam, 1923

aber von seiner Frau aus dem Gefängnis gebracht werden. Während der Haftzeit tritt Mühsam um der Einigkeit willen selbst kurzzeitig der KPD bei.

Mit *Von Eisner bis Leviné. Die Entstehung der bayerischen Räterepublik. Persönlicher Rechenschaftsbericht über die Revolutionsereignisse in München vom 7. November 1918 bis zum 13. April 1919* verfasst Mühsam 1920 eine Darstellung der Ereignisse aus seiner Perspektive, die auf Mittel der literarischen Ausgestaltung verzichtet. Ebenfalls im Jahr 1920, noch vor der Verlegung nach Niederschönenfeld, schreibt er *Judas. Ein Arbeiterdrama in fünf Akten*, in dem er zahlreiche Fragestellungen und moralische Entscheidungen der Revolution, wie die Frage nach der Anwendung von Gewalt, bearbeitet. Die Idee für das Stück, das zur Zeit des Januarstreiks spielt, entwickelt er bereits im April 1919, kurz nach seiner Verhaftung. Im Mai 1920 notiert er im Tagebuch die Reaktionen von Mithäftlingen, denen er aus dem fertigen Stück vorliest, und zeigt so seine Intention für das Stück: „Wenn das Stück so auf Proletarier wirkt, brauche ich die Kritik der Literaten nicht zu fürchten. Sie ist mir egal; für sie habe ich die Arbeit nicht geschrieben."[63] An der erfolgreichen Uraufführung 1921 in Mannheim kann er selbst nicht teilnehmen, da den Festungshäftlingen für derartige Termine kein Hafturlaub gewährt wird. In einer Kritik zur Berliner Aufführung 1928 fasst Frida Rubiner die ethischen Fragen des Stückes zusammen:

„Zweierlei Tendenzen verflechten sich in dem Stück: individualistisch-psychologische und revolutionär-soziale. Mühsam hat wohl etwas von seiner eigenen Entwicklung geschildert, als er den Pazifisten Seebald zur Erkenntnis kommen lässt, daß der Weg des revolutionären Proletariats nicht durch Gewaltlosigkeit, sondern die Gewalt führt."[64]

Nicht nur, wie hier vermutet, die eigene Haltung zur Gewaltfrage beschäftigt Mühsam zu der Zeit, sondern auch Tollers Rolle als Führer der Roten Armee am Ende der Räterepublik. Er ist überzeugt davon, dass dieser als „Heerführer mit der Devise: Nicht schießen!"

4 VON DER REVOLUTION ZUR REAKTION

Richard Masseck: Entwurf für das Bühnenbild zu Tollers Masse Mensch, *1922*

der Sache „ungeheuer geschadet" habe.⁶⁵ Auch ihm selbst sei es nicht leicht gefallen sich für „aktives Kriegführen zu entscheiden", er habe es aber getan, und an Gewaltlosigkeit könne man wieder denken, „wenn die Revolution geglückt" sei.⁶⁶ Die Hoffnung auf einen revolutionären Umschwung sinkt bei Mühsam jedoch in den Jahren des Gefängnisses, und mit zunehmender Haftdauer nimmt auch seine literarische Produktivität ab. Im Jahr 1921 versucht er sich am Schreiben eines Romans mit dem Titel *Ein Mann des Volkes*, den er aber nicht fertig stellt. Im Mai des Jahres notiert er, als er gerade wieder einmal mit Einzelhaft bestraft wird, ins Tagebuch: „Vielleicht findet sich hier unten auch gelegentlich meine Muse wieder ein. Meine lyrische Ader ist seit langem ganz ausgetrocknet. – Na, also mag geschehn, was da kommen will. Ich fühle es deutlich: die schlimmste Zeit meines Ausgeliefertseins an den Feind fängt jetzt an."⁶⁷ 1923 erscheint die Streitschrift *Das Standrecht in Bayern*. Die in der Haft zunehmend empfundene Einsamkeit und Angst vor den politischen Verhältnissen zeigt sich sehr deutlich in den von ihm nicht veröffentlichten liebevollen Bilderbüchern, die er für Zenzl Mühsam zu den Hochzeitstagen zeichnet.

Mit der Frage der Gewalt beschäftigt sich auch Toller in seinem Stück *Masse Mensch*. Er will ein Werk mit politischem Anspruch und Zeitbezug schaffen, das auch allgemeine Fragen zum Zusammenhang von Individuum und Masse sowie zur Anwendung von Gewalt im Dienste der Revolution verhandelt.⁶⁸ Toller sieht einen „für den politisch Handelnden" unlöslichen Widerspruch darin, dass jeder Einzelne zugleich Individuum und Masse sei, zugleich nach moralischen Idealen und getrieben von sozialen Impulsen und Situationen handle.⁶⁹ Er beginnt im Oktober 1919 noch in der Festungshaftanstalt Eichstätt mit der Arbeit am Stück, im nächsten Jahr in Niederschönenfeld sitzt er an den Überarbeitungen.

Im November 1920 wird es, ebenfalls in Abwesenheit Tollers, in Nürnberg uraufgeführt, und im Januar 1921 erscheint es als Buch. Im Drama vertritt die an die Januarstreik-Aktivistin Sarah Sonja Lerch angelehnte Figur der Sonja Irene L. die Haltung des gewaltlosen Widerstandes der Arbeiter. Die Figur „Der Namenlose" nimmt die Position ein, dass Kampf auf dem Weg zum Frieden und zu einer veränderten Welt notwendig sei. Eine Lösung des Konflikts bietet Toller im Stück nicht. Die Frau wird am Ende in Haft erschossen, nachdem sie das Angebot eines vom „Namenlosen" organisierten Fluchtversuchs ausgeschlagen hat, da sie kein Recht habe, „durch den Tod des Wächters Leben zu gewinnen"[70]. Vom Publikum wird das Stück positiv aufgenommen, massive Kritik von rechts und Verbote durch die Staatsregierung erhöhen das Interesse für das Stück mehr als dass sie ihm schaden.[71] Weitere Theaterstücke, wie *Bilder aus der großen französischen Revolution*, *Die Maschinenstürmer* oder *Der deutsche Hinkemann*, entstehen in der Haftzeit, in der er außerdem zahlreiche Gedichte verfasst. Eine erste Auswahl daraus veröffentlicht er Ende 1921 im Band *Gedichte der Gefangenen*, der wie Mühsams *Brennende Erde* im Kurt Wolff Verlag erscheint. Der zweiten Auflage 1923 stellt er eine programmatische Vorbemerkung voran:

> [...]
> Ich höre Euer Herz klofen, Brüder
> Dort ... und dort ... und dort
> Eingekerkert in den Gefängnissen aller Kontinente
> In Atlanta und Nimes, in Keckemet und Barcelona, in Kalkutta und Mailand
> Brüder mir: Kämpfer Rebellen Revolutionäre – ich grüße Euch
> Eine Welt wollen sie Euch weigern. Eure Welt aber lebt in Eurem Willen.
> [...]
> Wer aber kann von sich sagen, er sei nicht gefangen, obgleich kein Gitterloch
> ihm den Himmel raubt, und keine Mauer ihm die Erde stiehlt?
> [...][72]

Hier wird die Freiheit losgelöst von der Lage des Gefangenen auf die Gesamtsituation der Menschheit übertragen. Immer wieder ist Freiheit, auch ganz konkret auf die Haftsituation bezogen, Thema der Gedichte; die Einsamkeit, die Stille und die Brutalität der Haft werden beschrieben. Eindrücklich geschildert ist die Haft auch im Gedichtband *Das Schwalbenbuch*, dem Toller die folgende kurze Verortung voranstellt: „Gewachsen 1922 – Geschrieben 1923. Festungsgefängnis Niederschönenfeld. In meiner Zelle nisteten im Jahre 1922 zwei Schwalben."[73] Die düstere Darstellung der Einsamkeit der Haft wird durch eben diese Schwalben durchbrochen:

> [...]
> Zirizi Zirizi Zirizi
> Zizizi
> Urrr
>
> Daß man nahe der dunklen Schwelle,
> solche Melodie vernimmt, so irdischen Jubels, so irdischer Klage trunken ...
> Träume, meine Seele, träume,

Lerne träumen den Traum der Ewigkeit.
[...]
Sitzt
Ein
Schwalbenpärchen.
Sitzt,
Wiegt sich! wiegt sich!
Tanzt! tanzt! tanzt!
[...]
Das Wunder ist da!
Das Wunder!
Das Wunder!

Tanze meine atmende Brust,
Tanzet Ihr wunden geketteten Augen,
Tanzet! Tanzet!
Nur im Tanze brecht Ihr die Fessel,
Nur im Tanze umrauscht ihr die Sterne,
Nur im Tanze ruht Ihr im Göttlichen,
Tanzet! Tanzet!

Im Tanze träumt das heilige Lied der Welt.[74]

Ernst Toller: Das Schwalbenbuch, 1924

Im Text *Nestersturm* bezeichnet er das Leben, das die Schwalben in die Zelle bringen als „Gnade", „[w]as sie ihm schenkten, davon suchte er zu stammeln".[75] Noch heute leben Schwalben in der JVA Niederschönenfeld, und das Leben und die Geräusche, die sie in die Zellen bringen, machen die Empfindungen Tollers deutlich nachvollziehbar. Damals wie heute werden die Nester jedoch aus hygienischen Gründen entfernt; dennoch bauen die Vögel sie immer wieder. Vor dem Hintergrund der Schikanen der Festungshaft wird die Entfernung der lebendigen Gefährten von Toller als eine weitere Demütigung empfunden. Auch gegen die Veröffentlichung seiner lyrischen Verarbeitung geht die Festungsverwaltung vor und zensiert das Manuskript, „da es eine Reihe von Stellen enthalte, deren Verbreitung dem Strafvollzug Nachteile bereiten würde".[76] Erscheinen kann das Buch nur, da es gelingt, es aus der Festung zu schmuggeln.[77] Gerade die im Band deutliche Mischung aus lyrischer Empfindung und Kritik an den Bedingungen der Haft und dem politischen System beschert ihm einen großen Erfolg.[78] Die Freiheitssehnsucht der Haft und *Das Schwalbenbuch* finden auch Eingang in den autobiographischen Roman *Eine Jugend in Deutschland*, den Toller bereits in jener Zeit zu schreiben beginnt, aber erst 1933 veröffentlicht.[79] Der Roman endet mit der Beschreibung seiner Freilassung 1924:

„Ich stehe am Coupéfenster und blicke in die Nacht des vertrauten Firmaments.
Ich denke an die Zeilen des Schwalbenbuchs:
Ich stehe am nächtlichen Gitterfenster
Träumend zwitschert die Schwälbin
Ich bin nicht allein
Auch Mond und Sterne sind mir Gefährten

Und die schimmernden schweigenden Felder
Nein, ich war nie allein in diesen fünf Jahren, in der trostlosesten Verlassenheit nie allein. Die Sonne hat mich getröstet und der Mond, Wind, der über meine Pfütze strich und sie wellte zu fliehenden Kreisen, Gras, das im Frühjahr wuchs zwischen Steinen des Hofs, ein guter Blick, ein Gruß geliebter Menschen, Freundschaft der Kameraden, der Glaube an die Welt der Gerechtigkeit, der Freiheit, der Menschlichkeit, an eine Welt ohne Angst und ohne Hunger."[80]

Diese Hoffnung auf eine bessere Welt teilen Mühsam und Toller als Antrieb für ihr Schreiben und das Ertragen der Haftbedingungen. Der Rechtsruck, der mit der Niederschlagung der Räterepublik einsetzt, macht diese Hoffnung jedoch während der Jahre der Haft immer unwirklicher. Zentrale Positionen in Ämtern und Behörden sind mit Akteuren der Gegenrevolution besetzt. 1920 wird Gustav Ritter von Kahr Ministerpräsident und etabliert sein Konzept der „Ordnungszelle Bayern".[81] Politik, Verwaltung, Justiz, Militär und die Einwohnerwehren wirken zusammen, um „Ruhe und Ordnung" durchzusetzen. In München sammeln sich die antidemokratischen Kräfte, die monarchistische, wie auch nationalistische und völkische Positionen vertreten. Toller und Mühsam verlassen sofort mit dem Ende ihrer Haft Bayern. Den Drohungen von rechts jedoch bleiben sie ausgesetzt.

Toller wird 1933 von den Nationalsozialisten aus Deutschland ausgebürgert, 1939 begeht er im amerikanischen Exil verzweifelt Selbstmord. Mühsam wird in der Nacht des Reichstagsbrandes 1933 von den Nationalsozialisten verhaftet, über ein Jahr in Gefängnissen und Konzentrationslagern misshandelt und im Juli 1934 im KZ Oranienburg von bayerischen SS-Männern erschlagen.

Ernst Toller in seiner Zelle in Niederschönenfeld, um 1920

Ich habe die Möglichkeit, mein Leben der Sache zu opfern, vom ersten Tage an in Betracht gezogen. Wer für eine Idee leben will, der muß auch für sie sterben können. Aber auf die Art, wie man dafür stirbt, kommt es an.
Erich Mühsam im Tagebuch, 7. Mai 1919

Ein revolutionärer Schriftsteller hat nicht das Recht, in einem Elfenbeinturm zu leben. Er muss an den Kämpfen unserer Epoche teilnehmen, er muss diese Kämpfe künstlerisch formen und ihnen zur Darstellung verhelfen.
Ernst Toller, Meine Biographie, 1935

5 ANHANG

ANMERKUNGEN

Zu Kapitel 1
1. Josef Hofmiller: Revolutionstagebuch 1918/19. Leipzig 1938, S. 74.
2. Victor Klemperer: Man möchte immer weinen und lachen in einem. Revolutionstagebuch 1919. Berlin 2015, S. 29.
3. Oskar Maria Graf: Wir sind Gefangene. Ein Bekenntnis aus diesem Jahrzehnt. Werkausgabe. Bd. 1, Hrsg. v. Wilfried Schoeller. München 1994, S. 447.
4. Vgl. Nachwort zu „Die Wandlung". In: Ernst Toller. Stücke 1919–1923. Sämtliche Werke. Bd. 1. Hrsg. v. Torsten Hoffmann, Peter Langemeyer und Thorsten Unger. Göttingen 2015, S. 308–327, hier S. 308.
5. Ernst Toller: Bemerkungen zu meinem Drama „Die Wandlung". In: Ernst Toller. Publizistik und Reden. Sämtliche Werke. Bd. 4.1. Hrsg. v. Martin Gersterbräu, Michael Pilz, Gerhard Schulz und Irene Zarol. Göttingen, 2015, S. 451.
6. Vgl. Nachwort zu „Die Wandlung". In: Ernst Toller. Sämtliche Werke. Bd. 1. 2015, S. 309.
7. Joachim-Felix Leonhard u. a. (Hg.): Medienwissenschaft: ein Handbuch zur Entwicklung der Medien und Kommunikationsformen, Teil 1. Berlin – New York 1999, S. 137.

Zu Kapitel 2
1. Alexis Joachimides: Boheme. In: Ästhetische Grundbegriffe. Bd. 1. Hrsg. v. Karlheinz Barck. Stuttgart 2000, S. 728–750, hier S. 728.
2. Ebd, S. 742.
3. Erich Mühsam: Unpolitische Erinnerungen. Hrsg.v. Hubert van den Berg. Hamburg 1999, S. 19.
4. Vgl. Fähnders Walter: Anarchismus und Literatur. Ein vergessenes Kapitel deutscher Literaturgeschichte zwischen 1890 und 1910. Stuttgart 1987.
5. Erich Mühsam: Die Boheme. In: Die Fackel. Jg. 8, Nr. 202 (30.4.1906), S. 4–10.
6. Vgl. Gunna Wendt: Franziska zu Reventlow. Nachwort in: Franziska zu Reventlow: Herrn Dames Aufzeichnungen. Oder Begebenheiten aus einem merkwürdigen Stadtteil. Wiesbaden 2014, S. 177–192, hier S. 183.
7. Vgl. Ukrike Voswinckel: Freie Liebe und Anarchie. Schwabing – Monte Verità. Entwürfe gegen das etablierte Leben. München 2009, S. 105f.
8. Ebd.
9. Martin Andersen Nexö: Die Braune Bestie. In memoriam Erich Mühsam. In: Ders.: Kultur und Barbarei. Gesammelte Werke. Bd. 3. Hrsg. v. Börge Houmann. Berlin 1957, S. 193f.
10. Ebd.
11. Erich Mühsam: Ascona. In: Erich Mühsam. Streitschriften. Literarischer Nachlass. Hrsg.v. Christlieb Hirte. Berlin 1984 S. 9.
12. Vgl. Manfred Treml: Geschichte des modernen Bayern. Königreich und Freistaat. München 2006, S. 104–120.
13. Vgl. Reinhard Bauer, Ernst Piper: Kleine Geschichte Münchens. München 2008, S. 158.
14. Vgl. Aufbruch in die Moderne. In: München. Stadt der Künste. Kulturgeschichte vom Mittelalter bis heute. Hrsg. v. Martin Bernstein und Wolfgang Görl. München 2013, S. 171.
15. Vgl. Bauer, Piper, Kleine Geschichte Münchens, 2008, S. 160.
16. Vgl. Richard Bauer: Geschichte Münchens. Vom Mittelalter bis zur Gegenwart. München 2003, S. 122.
17. Vgl. Bauer, Piper, Kleine Geschichte Münchens, 2008, S. 162.
18. Vgl. Günther Gerstenberg: Der kurze Traum vom Frieden. Ein Beitrag zur Vorgeschichte des Umsturzes in München 1918 mit einem Exkurs über die Gießener Jahre von Sarah Rabinowitz von Cornelia Naumann. Lich 2018, S. 37ff.
19. Vgl. Gerstenberg, Der kurze Traum vom Frieden, 2018, S. 26.
20. Vgl. Karl Möckl: Gesellschaft und Politik während der Ära des Prinzregenten Luitpold. In: Bayern im Umbruch. Die Revolution von 1918, ihre Voraussetzungen, ihr Verlauf und ihre Folgen. Hrsg. v. Karl Bosl. München 1969, S. 5–36, hier S. 23f.
21. Vgl. Roger Engelmann: Öffentlichkeit und Zensur. Literatur und Theater als Provokation. In: München – Musenstadt mit Hinterhöfen. Prinzregentenzeit 1886 bis 1912. Hrsg. v. Friedrich Prinz und Marita Krauss. München 1988, S. 267–276, hier S. 267.
22. Bauer, Piper, Kleine Geschichte Münchens, 2008, S. 167.
23. Ebd. S. 170.
24. Vgl. Engelmann, Öffentlichkeit und Zensur, 1988, S. 268 und 276.
25. Vgl. Michael Peters: Alldeutscher Verband. In: Historisches Lexikon Bayerns: https://www.historisches-lexikon-bayerns.de/Lexikon/Alldeutscher_Verband_(ADV),_1891-1939#Der_Verband_in_Bayern_bis_1914 (zuletzt abgerufen am 25.7.2018)
26. Vgl. München und der Nationalsozialismus. Katalog des NS-Dokumentationszentrums München. Hrsg. v. Winfried Nerdinger in Verbindung mit Hans Günther Hockerts, Marita Krauss, Peter Longerich, Mirjana Grdanjski und Markus Eisen. München 2015, S. 42.
27. Vgl. Mario Heidler: J. F. Lehmanns Verlag. In: Historisches Lexikon Bayerns: https://www.historisches-lexikon-bayerns.de/Lexikon/J.F._Lehmanns_Verlag (zuletzt abgerufen am 25.7.2018)

28 Vgl. Mario Heidler: Die Zeitschriften des J. F. Lehmanns Verlages bis 1945. In: Die „rechte Nation" und ihr Verleger. Politik und Popularisierung im J. F. Lehmanns Verlag 1890–1979, S. 47–102, hier S. 49.
29 Vgl. Bauer, Piper, Kleine Geschichte Münchens, 2008, S. 179.
30 Vgl. München und der Nationalsozialismus, 2015, S. 42.
31 Sarah Hardy: Deutsche Vaterlandspartei. In: Historisches Lexikon Bayerns: https://www.historisches-lexikon-bayerns.de/Lexikon/Deutsche_Vaterlandspartei_(DVLP),_1917/18 (Zuletzt abgerufen am 26.7.2018)
32 Vgl. Ebd.
33 Vgl. Ebd.
34 Vgl. Ebd.
35 Vgl. Bauer, Piper, Kleine Geschichte Münchens, 2008, S. 188
36 Vgl. Hermann Gilbhard: Thule Gesellschaft. In: Historisches Lexikon Bayerns: https://www.historisches-lexikon-bayerns.de/Lexikon/Thule-Gesellschaft,_1918-1933 (zuletzt abgerufen 25.7.2018).
37 Vgl. Hermann Gilbhard: Germanenorden. In: Historisches Lexikon Bayerns: https://www.historisches-lexikon-bayerns.de/Lexikon/Germanenorden (zuletzt abgerufen 25.7.2018)
38 Vgl. München und der Nationalsozialismus, 2015, S. 33.
39 Rudolf Herz und Dirk Halfbrodt: Revolution und Fotografie. München 1918/19. Berlin 1988, S. 280.
40 Erich Mühsam: Tagebuch, 5.7.1916. Sämtliche Zitate aus den Tagebüchern Erich Mühsams folgen der Online-Edition. Hrsg. v. Chris Hirte und Conrad Piens: http://www.muehsam-tagebuch.de (zuletzt abgerufen am 31.7.2018)
41 Martin Geyer: Verkehrte Welt. Revolution, Inflation und Moderne. München 1914–1924. Göttingen 1998, S. 41.
42 Ebd. S. 26.
43 Vgl. Gerstenberg, Der kurze Traum vom Frieden, 2018, S. 98.
44 Vgl. Michael Appel: Die letzte Nach der Monarchie. Wie Revolution und Räterepublik in München Adolf Hitler hervorbrachten. München 2018, S. 14.
45 Vgl. Bauer, Piper, Kleine Geschichte Münchens, 2008, S. 190.
46 Vgl. Appel, Die letzte Nach der Monarchie, 2018, S. 40.
47 Cornelia Naumann: Frauen in der Revolution II. In: Literaturportal Bayern: https://www.literaturportal-bayern.de/themen?task=lpbtheme.default&id=1123 (zuletzt abgerufen 26.7.2018)
48 Vgl. Cornelia Naumann und Günther Gerstenberg: Steckbriefe gegen Eisner, Kurt u. Genossen wegen Landesverrats. Ein Lesebuch über Münchner Revolutionärinnen und Revolutionäre im Januar 1918. Lich 2017, S. 3.
49 Vgl. Bauer, Piper, Kleine Geschichte Münchens, 2008, S. 191.
50 Ernst Toller: Verhörprotokolle. In: Ernst Toller. Autobiographisches und Justizkritik. Sämtliche Werke. Bd. 3. Hrsg. v. Stefan Neuhaus und Rolf Selbmann unter Mitarbeit von Martin Gerstenbräun, Michael Pilz, Gerhard Scholz und Irene Zanol. Göttingen 2015, S. 533.
51 Ernst Toller: Bemerkungen zu meinem Drama „Die Wandlung", Sämtliche Werke. Bd. 4.1., 2015, S. 451.

Zu Kapitel 3
1 Vgl. Freya Eisner: Kurt Eisner: Die Politik des libertären Sozialismus. Frankfurt am Main 1979, S. 63.
2 Vgl. Ebd. S. 40.
3 Kurt Eisner: Preßprobleme. In: Ders.: Gesammelte Schriften. Bd. 1. Berlin 1919, S. 461.
4 Ebd.
5 Vgl. Bernhard Grau: Kurt Eisner. 1867–1919. Eine Biographie. München 2001, S. 159.
6 Vgl. Ebd. S. 141.
7 Ebd. S. 204.
8 Vgl. Ebd. S. 209.
9 Freya Eisner: Kurt Eisner als Literat. Der höchste Beruf des Dichters: Für die Enkel zu wirken. In: Literatur in Bayern. Nr. 29 (1992), S. 39–43, hier S. 40.
10 Vgl. Frank Jacob und Swen Steinberg: Einleitung. In: Kurt Eisner. Arbeiter-Feuilleton. Bd. 1: 1909–1911. Hrsg. v. Swen Steinberg, Frank Jacob, Cornelia Baddack, Sophia Ebert und Doreen Pöschl. Berlin 2018, S. 7–26.
11 Vgl. Vgl. Grau, Kurt Eisner, 2001, S. 301.
12 Ebd. S. 306.
13 Zitiert nach: Freya Eisner, Kurt Eisner, 1979, S. 62.
14 Kurt Eisner: Treibende Kräfte. In: Die Neue Zeit. Wochenschrift der Deutschen Sozialdemokratie. Heft 4, 1915. Verfügbar als Online-Edition der Bibliothek der Friedrich-Ebert-Stiftung: http://library.fes.de/nz/index.html (zuletzt abgerufen am 28.7.2018).
15 Ebd.
16 Ebd.
17 Vgl. Freya Eisner, Kurt Eisner, 1979, S. 66.
18 Klaus Weber: Kurt Eisner – Revolutionär des Alltags, Vortrag, gehalten am 7.11.2008 in München, S. 17. http://www.kurt-eisner-verein.de/fileadmin/rls_uploads/pdfs/weber_vortrageisner.pdf (abgerufen am 27.7.2018)
19 Kurt Eisner: Die Angst der Toten. In: Gesammelte Schriften. Bd. 1., 1919, S. 131–138, hier S. 131.
20 Ebd. S. 132.
21 Ebd. S. 134.
22 Ebd. S. 135.
23 Ebd. S. 136.
24 Ebd. S.138.
25 Vgl. Grau, Kurt Eisner, 2001, S. 320.
26 Vgl. Hierzu in diesem Buch: Kap. 1.3 „Der Kampf hat begonnen" – Januarstreik.
27 Vgl. Frank Jacob: Einleitung. In: Kurt Eisner. Gefängnistagebuch. Hrsg. v. Frank Jacob, Cornelia Baddack, Sophia Ebert und Doreen Pöschl. Berlin 2016, S. 9–19.
28 Vgl. Allan Mitchell: Revolution in Bavaria, 1918–1919: The Eisner Regime and the Soviet Republic. Princeton 2015, S. 72.
29 Kurt Eisner: Die Götterprüfung. Eine weltpolitische Posse in fünf Akten und einer Zwischenaktspantomime. Berlin 1920, S. 7.
30 Ebd. S. 22.

31 Ebd. S. 20.
32 Ebd. S. 18.
33 Ebd. S. 13.
34 Ebd. S. 37.
35 Ebd. S. 40.
36 Ebd. S. 95.
37 Ebd. S. 99.
38 Ebd. S. 97.
39 Kurt Eisner: Ein Opfer. In: Gesammelte Schriften. Bd. 1, 1919, S. 201.
40 Ebd. S. 118.
41 Ebd. S. 124.
42 Ebd. S. 150–154.
43 Kurt Eisner: Münchener Post, 1.2.1918, zitiert nach: Freya Eisner, Kurt Eisner, 1979, S. 76.
44 Vgl. Felix Fechenbach: Der Revolutionär Kurt Eisner. Berlin 1929, S. 37.
45 Josef Hofmiller, Revolutionstagebuch, 1938, S. 33.
46 Benno Merkle über die Revolutionsfeier. In: Kurt Eisner: Die Neue Zeit. München 1919, S. 30.
47 Ebd. S. 31.
48 Ebd.
49 Flugblatt Revolutions-Feier, November 1918. Münchner Stadtbibliothek / Monacensia, Flugblattsammlung.
50 Kurt Eisner: Das Regierungsprogramm. In: Die Neue Zeit, 1919, S. 20.
51 Heinrich Mann: Kurt Eisner (Gedenkrede, gehalten am 16.3.1919). In: Ders. Macht und Mensch. München 1919, S. 107f.
52 Erich Mühsam: Selbstbiographie. In: Erich Mühsam. Gedichte, Prosa, Stücke. Ausgewählte Werke. Bd. 1. Hrsg. v. Christlieb Hirte. Berlin 1978, S. 167.
53 Kurt Eisner an Gustav Landauer, 14.11.1918. In: Gustav Landauer. Sein Lebensgang in Briefen. Bd. 2 Hrsg. v. Martin Buber. Frankfurt am Main 1929, S. 296.
54 Gustav Landauer an Margarethe Leuschner (Gefängnistagebuch), 9.5.1894. In: Briefe und Tagebücher 1884–1900. Hrsg. v. Christoph Knüppel. Göttingen 2017, S. 394.
55 Siegbert Wolf: Der Werdende Mensch. Gustav Landauer – Schriftsteller, Kulturphilosoph und Libertärer. Begleitkatalog zur Ausstellung. Lich 2011, S. 17.
56 Ebd.
57 Vgl. Siegbert Wolf: „Warum ist ein Mensch zuweilen so glücklich? – Darum, weil er zuweilen ein Litteratus ist." Gustav Landauer als Wortartist. In: Gustav Landauer. Wortartist. Roman, Novelle, Drama, Gedicht, Übersetzung. Ausgewählte Schriften. Bd. 8. Hrsg. v. Siegbert Wolf. Lich 2014, S. 9–18, hier S. 13.
58 Gustav Landauer an Margarethe Leuschner (Gefängnistagebuch), 22.10. bis 11.11. 1893. In: Briefe und Tagebücher 1884–1900, 2017, S. 310.
59 Gustav Landauer an Margarethe Leuschner (Gefängnistagebuch), 22.12.1893. In: Briefe und Tagebücher 1884–1900, 2017, S. 349.
60 Gert Mattenklott: Gustav Landauer. Ein Portrait. In: Dichter, Ketzer, Außenseiter: Essays und Reden zu Literatur, Philosophie, Judentum. Hrsg. v. Hanna Delf. Berlin 1997, S. VII–XXII, hier S. VIII.
61 Gustav und Margarethe Landauer an Hugo Landauer, 7.2.1897. In: Briefe und Tagebücher 1884–1900, 2017, S. 495.
62 Ebd.
63 Gustav Landauer: Arnold Himmelheber. In: In: Gustav Landauer. Wortartist. Roman, Novelle, Drama, Gedicht, Übersetzung. Ausgewählte Schriften. Bd. 8. Hrsg. v. Siegbert Wolf. Lich 2014, S. 180–249, hier S. 182.
64 Mattenklott, Gustav Landauer, 1997, S. XXVII
65 Vgl. Siegbert Wolf: „[…] ich ein Schuhmacher, der sich selbst am Weltuntergang nur beteiligt, nachdem er getreulich seine Schuhe fertiggemacht hat." In: Gustav Landauer: Nation, Krieg und Revolution. Ausgewählte Schriften. Bd. 4. Lich 2011, S. 9–41, hier S. 11.
66 Vgl. Ebd. S. 13.
67 Gustav Landauer: Deutschland, Frankreich und der Krieg (Sozialist, 1.3.1913). In: Ausgewählte Schriften. Bd. 4, 2011, S. 153–164, hier S. 155.
68 Annegret Walz: „Ich will ja gar nicht auf der logischen Höhe meiner Zeit stehen". Hedwig Lachmann. Eine Biographie. Flacht 1993, S. 364.
69 Vgl. Hanna Delf: „Prediger in der Wüste sein …" Gustav Landauer im Weltkrieg. In: Dichter, Ketzer, Außenseiter: Essays und Reden zu Literatur, Philosophie, Judentum. Hrsg. v. Hanna Delf. Berlin 1997, S. XXIII–LIII, hier S. XXVI.
70 Walz, Hedwig Lachmann, 1993, S. 366.
71 Vgl. Siegbert Wolf: „[…] ich ein Schuhmacher, der sich selbst am Weltuntergang nur beteiligt, nachdem er getreulich seine Schuhe fertiggemacht hat." In: Ausgewählte Schriften. Bd. 4, 2011, S. 22.
72 Gustav Landauer: Wie Hedwig Lachmann starb. Als Manuskript für Freunde gedruckt. Krumbach 1918. In: Ausgewählte Schriften. Bd. 4, 2011, S. 351–361, hier S. 351.
73 Gustav an Gudula Landauer, 13.11.1918. In: Sein Lebensgang in Briefen. Bd. 2, 1929, S. 295.
74 Gustav Landauer an Auguste Hauschner, 15.11.1918. In: Sein Lebensgang in Briefen. Bd. 2, 1929, S. 297
75 Vgl. Siegbert Wolf: „[…] ich ein Schuhmacher, der sich selbst am Weltuntergang nur beteiligt, nachdem er getreulich seine Schuhe fertiggemacht hat." In: Ausgewählte Schriften. Bd. 4, 2011, S. 34.
76 Gustav Landauer: Die vereinigten Republiken Deutschlands und ihre Verfassung (25.11.1918). In: Ausgewählte Schriften. Bd. 4, 2011, S. 255f.
77 Gustav Landauer an Kurt Eisner, 10.1.1919. In: Sein Lebensgang in Briefen. Bd. 2, 1929, S. 354.
78 Gustav Landauer: Gegen den alten Parlamentarismus, für das Rätesystem. Rede vor den bayerischen Arbeiterräten am 10.12.1918. In: Ausgewählte Schriften. Bd. 4, 2011, S. 271–272, hier S. 272.
79 Gustav Landauer: Zur Frage der deutschen Verfassung und der Nationalversammlung. Ende November 1918. In: Ausgewählte Schriften. Bd. 4, 2011, S. 251–253, hier S. 252.
80 Ebd. S. 253.
81 Gustav Landauer: Aufruf zum Sozialismus. Vorwort zur Neuauflage (Revolutionsausgabe), 3.1.1919. In: Ausgewählte Schriften. Bd. 4, 2011, S. 288–296, hier S. 295.
82 Gustav Landauer an die Töchter, 17.2.1919. In: Sein Lebensgang in Briefen. Bd. 2, 1929, S. 382.
83 Gustav Landauer: Gedächtnisrede auf Kurt Eisner. Gehalten am 26.2.1919 bei der Totenfeier im Münchner Ostfriedhof. In: Ausgewählte Schriften.

Bd. 4, 2011, S. 302–308, hier S. 306.
84 Gustav Landauer: Eine Ansprache an die Dichter. In: Dichter, Ketzer, Außenseiter: Essays und Reden zu Literatur, Philosophie, Judentum. Hrsg. v. Hanna Delf. Berlin 1997, S. 287–293, hier S. 287. Alle folgenden Zitate bis zur nächsten Fußnote folgen diesem Text.
85 Vgl. Corinna Kaiser: Gustav Landauer als Schriftsteller. Sprache, Schweigen, Musik. Berlin/Boston 2014, S. 316.
86 Gustav Landauer an Fritz Mauthner, 7.4.1919. In: Sein Lebensgang in Briefen. Bd. 2, 1929, S. 413.
87 Gustav Landauer an Louise Dumont-Lindemann, 8.1.1919, In: Sein Lebensgang in Briefen. Bd. 2, 1929, S. 351.
88 Neues Münchner Tagblatt, 9.4.1919.
89 Ret Marut: Pressefreiheit oder Befreiung der Presse. In: Münchner Neuesten Nachrichten, 10.4.1919.
90 Vgl. Etwa Gustav Landauer an die Töchter, 11.4.1919. In: Sein Lebensgang in Briefen. Bd. 2, 1929, S. 414.
91 Gustav Landauer an die Herren Referenten und Mithilfsarbeiter um bisherigen Ministerium, 12.4.1919. In: Sein Lebensgang in Briefen. Bd. 2, 1929, S. 415.
92 Gustav Landauer an den Aktionsausschuss, 16.4.1919. In: Sein Lebensgang in Briefen. Bd. 2, 1929, S. 420.
93 Erich Mühsam: Die Boheme. In: Die Fackel. Jg. 8, Nr. 202 (30.4.1906), S. 4–10.
94 Erich Mühsam: Ascona. In: Erich Mühsam. Streitschriften. Literarischer Nachlass, 1984, S. 39.
95 Ebd.
96 Erich Mühsam: Die Boheme. In: Die Fackel. Jg. 8, Nr. 202 (30.4.1906), S. 4–10.
97 Erich Mühsam an Karl Georg von Maassen, 30.12.1919. In: Erich Mühsam. In meiner Posaune muß ein Sandkorn sein. Briefe 1900–1934. Bd. 1. Hrsg. v. Gerd W. Jungblut. Vaduz 1984,. S. 379.
98 Mühsam, Unpolitische Erinnerungen, 1999, S. 17f.
99 Erich Mühsam: Die Boheme. In: Die Fackel. Jg. 8, Nr. 202 (30.4.1906), S. 4–10.
100 Vgl. Chris Hirte: Erich Mühsam. Eine Biographie. Freiburg 2009, S. 71.
101 Erich Mühsam: Ascona. In: Erich Mühsam. Streitschriften. Literarischer Nachlass, 1984, S. 19.
102 Erich Mühsam: Die Boheme. In: Die Fackel. Jg. 8, Nr. 202 (30.4.1906), S. 4–10.
103 Erich Mühsam, Tagebücher, 26.8.1910.
104 Erich Mühsam: Menschlichkeit. In Kain, Juli 1911.
105 Erich Mühsam, Tagebücher, 9.12.1910.
106 Oskar Maria Graf: Das Leben meiner Mutter. Werkausgabe Bd. V. Hrsg. v. Wilfried Schoeller. München 1994, S. 478.
107 Erich Mühsam, Tagebücher, 25.5.1912.
108 Vgl. Dieter Schiller: Nachwort. In: Erich Mühsam. Publizistik, Unpolitische Erinnerungen. Ausgewählte Werke Bd. 2. Berlin 1985, S. 681f.
109 Erich Mühsam: Revolution. In Revolution, Nummer 1,(Oktober 1913).
110 Ebd.
111 Erich Mühsam: Brennende Erde. Verse eines Kämpfers. München: Kurt Wolff 1920.
112 Nexö, Die Braune Bestie,1957, S. 193.
113 Erich Mühsam: Abrechnung. In: Erich Mühsam. Streitschriften. Literarischer Nachlass, 1984, S. 55.
114 Erich Mühsam: An die Dichter. In: Erich Mühsam. Ausgewählte Werke Bd. 1, 1978, S. 311.
115 Walter Fähnders: Sprachkritik und Wortkunst, Mystik und Aktion bei Gustav Landauer. In: Jaap Grave, Peter Sprengel, Hans Vandevoorde (Hg.): Anarchismus und Utopie in der Literatur um 1900: Deutschland, Flandern und die Niederlande. Würzburg 2005, S. 139–149, hier S. 146.
116 Vgl. Chris Hirte: Anmerkungen. In: Erich Mühsam. Streitschriften. Literarischer Nachlass, 1984, S. 790
117 Erich Mühsam: Tagebuch, 5.5.1916.
118 Erich Mühsam: Tagebuch, 15.5.1916.
119 Erich Mühsam: Von Eisner bis Leviné. In: Erich Mühsam. Ausgewählte Werke Bd. 2, 1985, S. 243.
120 Erich Mühsam: Abrechnung. In: Erich Mühsam. Streitschriften. Literarischer Nachlass, 1984, S. 116.
121 Erich Mühsam: Tagebuch, 18.6.1916.
122 Erich Mühsam: Tagebuch, 21.6.1916.
123 Erich Mühsam an Carl Georg von Maassen, 5.2.1918. In: Briefe 1900–1934. Bd. 1, 1984, S. 255.
124 Das stellvertretende Generalkommando an Erich Mühsam. In: Briefe 1900–1934. Bd. 2, 1984, S. 764.
125 Rainer Maria Rilke an Clara Rilke, 7.11.1918. In: Rainer Maria Rilke. Briefe aus den Jahren 1914 bis 1921. Gesammelte Briefe Bd. 4. Hrsg. v. Ruth Sieber-Rilke und Carl Sieber. Leipzig 1939, S. 209.
126 Friedrich Burschell. In: Die neue Weltbühne 1935.
127 Zenzl Mühsam an Martin Anderen Nexö, 25.11.18.
128 Ebd.
129 Erich Mühsam. 1. Kain-Flugblatt, 18.11.1918. Münchner Stadtbibliothek / Monacensia, Flugblattsammlung.
130 Ebd.
131 Erich Mühsam: Radikalismus. In: Bayerisches Hauptstaatsarchiv / Abt. IV M Kr. 18641, Archivakten 206.
132 Flugblatt der Vereinigung revolutionärer Internationalisten Bayerns. Bayerisches Hauptstaatsarchiv, FLSlg_505.
133 Vgl.: Hirte, Erich Mühsam. Eine Biografie, 2009, S. 180.
134 Hilde Kramer: Rebellin in München, Moskau, Berlin. Autobiographisches Fragment 1900–1924. Hrsg. v. Egon Günther unter Mitarbeit von Thies Marsen. Berlin 2011, S. 55.
135 Ebd.
136 Erich Mühsam: Von Eisner bis Leviné. In: Erich Mühsam. Ausgewählte Werke. Bd. 2, 1985, S. 254.
137 Ebd. S. 257.
138 Siehe hierzu auch Kapitel. 3.1.
139 Erich Mühsam: Von Eisner bis Leviné. In: Erich Mühsam. Ausgewählte Werke Bd. 2, 1985, S. 264.
140 Ebd. S. 305.
141 Ebd. S. 311.
142 Vgl. Nachwort zu Die Wandlung. In: Ernst Toller. Stücke 1919–1923. Sämtliche Werke Bd. 1. Hrsg. v. Torsten Hoffmann, Peter Langemeyer und Thorsten Unger. Göttingen 2015, S. 308–327, hier S. 321.
143 Ernst Toller: Die Wandlung, .Sämtliche Werke Bd. 1, 2015, S. 1–44, hier S. 7.
144 Ebd. S. 10.
145 Vgl. Der Fall Toller. Kommentar und Materialien. Hrsg. v. Wolfgang Frühwald und John M. Spalek. München 1979, S. 12.

146 Vgl. Überlieferung und Textgeschichte und Nachworte zu Vormorgen und Einzelgedichte. In: Ernst Toller. Lyrik, Erzählungen, Hörspiele, Film. Sämtliche Werke. Bd. 5. Hrsg. v. Martin Gerstenbräun, James Jordan, Stephen Lamb, Stefan Neuhaus, Michael Pilz, Gerhard Scholz, Victoria Strobl und Irene Zanol. Göttingen 2015, S. 331, S. 353, S. 358.

147 Ernst Toller an Artur Kutscher, 18.7.1932. Brief Nr. 522. In: Ernst Toller. Briefe 1915–1939. Hrsg. v. Martin Gerstenbräun, Stefan Neuhaus, Gerhard Scholz, Veronika Schuchter, Irene Zanol. Digitale Ausgabe. URL: http://tolleredition.de/, 2017. (zuletzt abgerufen 22.7.2018).

148 Vgl. Flächenkommentar: Toller in Heidelberg und München. In: Ernst Toller. Publizistik und Reden. Sämtliche Werke. Bd. 4.2. Hrsg. v. Martin Gerstenbräun, Michael Pilz, Gerhard Scholz und Irene Zanol. Göttingen 2015, S. 907–909, hier S. 907.

149 Ernst Toller: Aufruf [gegen die Deutsche Vaterlandspartei]. In: Sämtliche Werke. Bd. 4.1., 2015, S. 170.

150 Ebd.

151 Vgl. Ernst Toller an Kurt Eisner, 8.11.1917. Bundesarchiv Berlin.

152 Vgl. Der Fall Toller. Kommentar und Materialien. Hrsg. v. Wolfgang Frühwald und John M. Spalek. München 1979, S. 13.

153 Vgl. Flächenkommentar: Toller in Heidelberg und München. In: Sämtliche Werke. Bd. 4.2., 2015, S. 907–909, hier S. 908.

154 Ernst Toller: Leitsätze für einen kulturpolitischen Bund der deutschen Jugend. In: Sämtliche Werke. Bd. 4.1., 2015, S. 171–174, hier S. 172.

155 Vgl. Ebd. S. 173.

156 Ernst Toller an Gustav Landauer, 20.12.1917. Brief Nr. 14. In: Ernst Toller. Briefe 1915–1939. Digitale Ausgabe, 2017. (zuletzt abgerufen 22.7.2018).

157 Vgl. Ernst Toller: Bemerkungen zu meinem Drama „Die Wandlung". In: Sämtliche Werke. Bd. 4.1., 2015, S. 451.

158 Ernst Toller: Aufruf an das deutsche Volk In: Sämtliche Werke. Bd. 4.1., 2015, S. 175.

159 Ernst Toller: Die Wandlung. In: Sämtliche Werke. Bd. 1, 2015, S. 3.

160 Ernst Toller: Aufruf an das deutsche Volk. In: Sämtliche Werke. Bd. 4.1., 2015, S. 176.

161 Ernst Toller: Die Wandlung. In: Sämtliche Werke. Bd. 1, 2015, S. 43.

162 Ebd. S. 43f.

163 Ernst Toller: Eine Jugend in Deutschland. In: Sämtliche Werke. Bd. 3, 2015, S. 171.

164 Ebd. S. 170.

165 Flächenkommentar: Toller in der bayerischen Revolution 1918/19. In: Sämtliche Werke. Bd. 4.2., 2015, S. 928.

166 Ernst Toller: Ankündigung des 1. Feierabends des Aktionsausschusses der Arbeiter-, Bauern- und Soldatenräte. In: Sämtliche Werke. Bd. 4.1, 2015, S. 181.

167 Stellenkommentar zur Ankündigung des 1. Feierabends des Aktionsausschusses der Arbeiter-, Bauern- und Soldatenräte. In: Sämtliche Werke. Bd. 4.1, 2015, S. 936.

168 Vgl. Wolfgang Rothe: Ernst Toller. In Selbstzeugnisse und Bilddokumenten. Reinbek bei Hamburg 1983, S. 63.

169 Ernst Toller: Schlusswort vor dem Münchner Standgericht (16. Juli. 1919). In: Sämtliche Werke. Bd. 4.1., 2015, S. 125–127, hier S. 125.

170 Flächenkommentar: Toller in der bayerischen Revolution 1918/19. In: Sämtliche Werke. Bd. 4.2., 2015, S. 931.

171 Vgl. Ebd. S. 933.

172 Ernst Toller: Mein Biographie. In: Sämtliche Werke. Bd. 3, 2015, S. 125–127, S. 471.

Zu Kapitel 4

1 Vgl. Bauer, Piper, Kleine Geschichte Münchens, 2008, S. 201.

2 Vgl. Bernhard Grau: Revolution 1918/19. In: Historisches Lexikon Bayerns: https://www.historisches-lexikon-bayerns.de/Lexikon/Revolution,_1918/1919 (zuletzt abgerufen 29.7.2018).

3 Vgl. Michael Seligmann: Aufstand der Räte. Die erste bayerische Räterepublik vom 7. April 1919. Bd. 1. Grafenau 1998, S. 338.

4 München und der Nationalsozialismus, 2015, S. 22.

5 Flugblatt: Arbeiter, Soldaten, Bauern, Bürger!, 1919. Münchner Stadtbibliothek / Monacensia, Flugblattsammlung.

6 Ebd.

7 Vgl. Seligmann, Aufstand der Räte, Bd. 1, 1998, S. 348f.

8 Flugblatt: Werktätiges Volk Münchens!, 1919. Münchner Stadtbibliothek / Monacensia, Flugblattsammlung, F.Mon.247.

9 Flugblatt: An die werktätige Bevölkerung Münchens! Arbeiter Soldaten!, 1919. Münchner Stadtbibliothek / Monacensia, Flugblattsammlung.

10 Vgl. Seligmann, Aufstand der Räte, Bd. 2, 1998, S. 538f.

11 Flugblatt: An die Bürger der Räterepublik!, 1919. Münchner Stadtbibliothek / Monacensia, Flugblattsammlung, F.Mon. 2629.

12 Vgl. Bruno Thoß: Freikorps Epp. In: Historisches Lexikon Bayerns: https://www.historisches-lexikon-bayerns.de/Lexikon/Freikorps_Epp (zuletzt abgerufen 28.7.2018)

13 München und der Nationalsozialismus, 2015, S. 24.

14 Hermann Bahr und andere an die Redaktion der „Münchner Post", 12.6.1919, Bayerisches Hauptstaatsarchiv, MA 99926.

15 Ebd.

16 Vgl. München und der Nationalsozialismus, 2015, S. 38.

17 Vgl. zu den antisemitischen Karikaturen: Rudolf Herz und Dirk Halfbrodt: Revolution und Fotografie. München 1918/19. Berlin 1988, S. 251–256.

18 Flugblatt: An alle Schaffenden!, 1919. Münchner Stadtbibliothek / Monacensia, Flugblattsammlung, F. Mon. 2650.

19 Ebd.

20 Ebd.

21 Ebd.

22 Ebd.

23 Flugblatt: An alle Werktätigen!, 1919. Münchner Stadtbibliothek / Monacensia, Flugblattsammlung, F. Mon. 2648.

24 Vgl. München und der Nationalsozialismus, 2015, S. 39.

25 Vgl. München und der Nationalsozialismus, 2015, S. 46f.

26 Flugblatt: An alle ehrlichen Volksgenossen!, 1919. Münchner Stadtbibliothek / Monacensia, Flugblattsammlung, F. Mon. 2649.
27 Ebd.
28 Ebd.
29 Othmar Plöckinger: Unter Soldaten und Agitatoren. Hitlers prägende Jahre im Deutschen Militär 1918–1920. Paderborn 2013, S. 243.
30 Zitiert nach: Ebd.
31 Vgl. Ebd. S. 244.
32 Vgl. Herz, Halfbrodt, Revolution und Fotografie, 1988, S. 50f.
33 Vgl. Ebd. S. 54.
34 Vgl. Ebd. S. 55.
35 Vgl. Ebd. S. 257.
36 Photobericht Hoffmann: Ein Jahr bayrische Revolution im Bilde. München 1919, S. 13.
37 Vgl. Der Fall Toller. Kommentar und Materialien. Hrsg. v. Wolfgang Frühwald und John M. Spalek. München 1979, S. 40.
38 Vgl. Naumann, Gerstenberg, Steckbriefe gegen Eisner, Kurt u. Genossen wegen Landesverrats, 2017, S. 184.
39 Emil Kraepelin: Gutachten Ernst Toller. In: Kraepelin in München II. 1914–1921. Hrsg. v. Wolfgang Burgmair, Eric j. Engstrom und Matthias M. Weber. München 2009, S. 145–176, hier S. 174.
40 Vgl. Ebd.S. 176.
41 Ernst Toller: Schlusswort vor dem Münchner Standgericht (16. Juli. 1919). In: Sämtliche Werke. Bd. 4.1., 2015, S. 125–127, hier S. 125.
42 Ernst Toller: Eine Jugend in Deutschland. In: Sämtliche Werke. Bd. 3, 2015, S. 179.
43 Emil Kraepelin: Psychiatrische Randbemerkungen zur Zeitgeschichte. In: Süddeutsche Monatshefte. Nr. 17 (1919), S. 171–18, hier. S. 173.
44 Rainer Sammet: Dolchstoßlegende. In: Historisches Lexikon Bayerns: https://www.historisches-lexikon-bayerns.de/Lexikon/Dolchstoßlegende (zuletzt abgerufen 28.7.2018).
45 Emil Kraepelin: Psychiatrische Randbemerkungen zur Zeitgeschichte. In: Süddeutsche Monatshefte. Nr. 17 (1919), S. 171–18, hier. S. 173.
46 Ebd. S. 178.
47 Vgl. Geyer, Verkehrte Welt, 1998, S. 102.
48 Ebd.
49 Eugen Kahn: Psychopathen als revolutionäre Führer. In: Zeitschrift für die gesamte Neurologie und Psychiatire. Nr. 52 (1919), S. 90–106, hier S. 92.
50 Vgl. Geyer, Verkehrte Welt, 1998, S. 103.
51 Vgl. Briefe des Rechtsanwalts Adolf Kaufmann. In: Akademie der Künste, Berlin, Ernst-Toller-Sammlung 110.
52 Erich Mühsam: Offener Brief an Müller-Meiningen, 25. August 1919. In: Neue Zeitung Nr. 191, 27.8.1919. Zitiert nach: Günther Gerstenberg: „Wollen wir abwarten, ob Goliath diesmal über David Herr wird oder ob's wieder mal umgekehrt geht." Ein Beitrag zur Geschichte der Gefängnis- und Festungshaft Erich Mühsams 1919 bis 1924 mit Hilfe von Aktenfunden in den Münchner Archiven. In: „Eingesperrt sind meine Pläne namens der Gerechtigkeit." Politische Haft, Folter, Todesstrafe: Erich Mühsam und andere. Schriften der Erich-Mühsam-Gesellschaft, Heft 28. Lübeck 2007, S. 57–109, hier S. 66.
53 Ebd.
54 Ernst Toller: Briefe aus dem Gefängnis. In: Sämtliche Werke. Bd. 3, 2015, S. 287.
55 Staatsministerium der Justiz an die Herrn Vorstände der Strafanstalten, 31. Oktober 1919. Akten der JVA Niederschönenfeld.
56 Vgl. zu den Bedingungen der Haft auch; Die Tagebücher Erich Mühsams. Sowie: Chris Hirte: Erich Mühsam. Eine Biographie. Freiburg 2009, S. 229.
57 Erich Mühsam, Tagebuch, 25.4.1922.
58 Vgl. Hirte, Erich Mühsam. Eine Biographie, 2009, S. 231.
59 Mitteilung an Zenzl Mühsam. Handschriftenabteilung, Gorki Institut für Weltliteratur, Moskau. Bestand 4, Aufbewahrungseinheit 89. L. 7.
60 Vgl. Sigrid Weigel: „Und selbst im Kerker frei …!" Schreiben im Gefängnis. Marburg 1982, S. 8.
61 Erich Mühsam: Selbstbiographie. In: Erich Mühsam. Gedichte, Prosa, Stücke. Ausgewählte Werke. Bd. 1. Hrsg. v. Christlieb Hirte. Berlin 1978, S. 168.
62 Erich Mühsam: Mensch sein. In: Ders. Brennende Erde. Verse eines Kämpfers. München 1920, S. 90.
63 Erich Mühsam, Tagebuch, 7.5.1920.
64 Frida Rubiner in der „Roten Fahne", 1. Mai 1928. Zitiert nach: Erich Mühsam. Ausgewählte Werke. Bd. 1, 1978, S. 719.
65 Erich Mühsam, Tagebuch, 23.11.1919.
66 Ebd.
67 Erich Mühsam, Tagebuch, 25.5.1919.
68 Vgl. Torsten Hoffmann, Peter Langemeyer und Thorsten Unger: Nachwort zu Masse Mensch. In: Ernst Toller: Sämtliche Werke. Bd. 1, 2015. S. 361–370, hier S. 361f.
69 Toller: Arbeiten. In: Ernst Toller. Sämtliche Werke. Bd. 4.1., 2015, S. 156–166, hier S. 159.
70 Ernst Toller: Masse Mensch. In: Ernst Toller: Sämtliche Werke. Bd. 1, 2015. S. 65–106, hier S. 102.
71 Vgl. Torsten Hoffmann, Peter Langemeyer und Thorsten Unger: Nachwort zu Masse Mensch. In: Ernst Toller: Sämtliche Werke. Bd. 1, 2015. S. 361–370, hier S. 369.
72 Überlieferung und Textgeschichte zu Ernst Toller: Gedichte der Gefangenen. In: Sämtliche Werke. Bd. 5, 2015, S. 299f.
73 Ernst Toller: Das Schwalbenbuch. In: Sämtliche Werke. Bd. 5, 2015, S. 19–63, hier S. 20.
74 Ebd. S. 24–26.
75 Ernst Toller: Nestersturm. In: Sämtliche Werke. Bd. 3, S. 78–79.
76 Ernst Toller: Das Schwalbenbuch. In: Sämtliche Werke. Bd. 3, S. 76–78.
77 Vgl. Überlieferung und Textgeschichte zu „Das Schwalbenbuch". In: Sämtliche Werke. Bd. 5, 2015, S. 323–235.
78 Vgl. Nachwort: Ernst Tollers Gedichtbände. In: Sämtliche Werke. Bd. 5, 2015, S. 350–352, hier S. 350.
79 Vgl. Nachwort zu „Eine Jugend in Deutschland". In: Sämtliche Werke. Bd. 3, 2015, S. 675–677, hier S. 676.
80 Ernst Toller: Eine Jugend in Deutschland. In: Sämtliche Werke. Bd. 3, S. 97–273, hier S. 273.
81 Vgl. München und der Nationalsozialismus, 2015, S. 29.

ZEITTAFEL

1909 1.1.: Mühsam zieht nach München
1910 Eisner zieht nach München
1912 12.12.: Prinzregent Luitpold stirbt, Ludwig III. wird Regent
1913 8.11.: Ludwig III. wird mit einer Verfassungsänderung zum König von Bayern, die Zeit der Regentschaft für den regierungsunfähigen Thronfolger Otto I. ist beendet
1914 1.8.: Verkündung der Mobilmachung, Erklärung des Kriegszustands
1916 18.6.: Erste Hungerproteste in München. August: München wird zum Mittelpunkt der Kanzlersturzbewegung, Gründung des „Volksausschusses für die rasche Niederwerfung Englands". 7.12.: Erster Diskussionsabend in München mit Eisner im „Goldenen Anker"
1917 Januar: Toller immatrikuliert sich in München, wechselt aber bald nach Heidelberg. 14.9.: Gründung des bayerischen Landesverbandes der „Deutschen Vaterlandspartei"
1918 24.1.: Toller kommt wieder nach München. 31.1.–3.2.: Arbeiterinnen und Arbeiter der Münchner Rüstungsindustrie streiken für den Frieden. 1.2.: Verhaftung Eisners und weiterer USPD-Mitglieder wegen Landesverrates. 28.7.: Ludwig III. fordert mit seinem Aufruf „Volle Zuversicht erfüllt mich beim Blick in die Zukunft" die Bevölkerung zum Durchhalten auf. August: Hungerdemonstrationen. 14.10.: Eisner wird aus der Haft entlassen. 7.11.: Friedenskundgebung von SPD, USPD und Gewerkschaften auf der Theresienwiese, Wahl eines provisorischen Arbeiter- und Soldatenrates, die königliche Familie flieht aus der Stadt. 7./8.11.: Proklamation des Freistaats Bayern. 8.11.: Bildung einer provisorischen Regierung unter Ministerpräsident Eisner. 9.11.: Thronverzicht Wilhelms II. wird verkündet, Friedrich Ebert wird Reichskanzler, Ausrufung der Republik in Berlin. 11.11.: Waffenstillstand. 12.11.: Einführung von Frauenwahlrecht und Acht-Stunden-Tag. 13.11.: Der König entbindet seine Beamten vom Treueeid. 15.11.: Landauer und Toller treffen in München ein. 23.11.: Eisner veröffentlicht Dokumente, mit denen er die Kriegsschuld Deutschlands zeigen will. 26.11.: Erlass von Richtlinien für die Arbeiter-, Bauern- und Soldatenräte. 6.12.: Kundgebung gegen Pressehetze. 16.12.: Aufhebung der geistlichen Schulaufsicht. 27.12: Erhard Auer (MSDP) beteiligt sich an der Bildung einer gegenrevolutionären Bürgerwehr.
1919 5.1.: Gründung der Deutschen Arbeiter Partei (DAP), ab 1920 NSDAP. 7.1.: Arbeitslosendemonstration. 10.1.: Verhaftung von Mitgliedern des Revolutionären Arbeiterrats. 12.1.: Landtagswahlen in Bayern, deutliche Niederlage für die USPD. 14.1.: Außerordentliche Tagung der Arbeiter- und Soldatenräte in Bayern. 19.1.: Wahlen zur Verfassungsgebenden Deutschen Nationalversammlung. 16.2.: Münchner Demonstration für das Rätesystem. 13.–20.2.: Tagung des Kongresses der Arbeiter-, Bauern- und Soldatenräte im Deutschen Theater. 21.2.: Eisner wird von Anton Graf von Arco auf Valley ermordet, Attentat auf Erhard Auer, Bildung des Zentralrates, Verhängung des Belagerungszustands. 25.2.–8.3.: Tagung des Rätekongresses, Mühsam fordert am 28.2. die Schaffung einer Räterepublik. 26.2.: Begräb-

nis Eisners. 1.3.: Der Rätekongress bestimmt eine provisorische Regierung. 5.3.: Leviné kommt im Auftrag der KPD nach München. 8.3.: Toller wird Vorsitzender der Münchner USPD. 17.–18.3.: Die Regierung unter Johannes Hoffmann (SPD) wird vom Landtag bestätigt. 4.4.: Sitzung zur Beratschlagung über Ausrufung der Räterepublik. 7.4.: Proklamation der Räterepublik, Ernennung von Volksbeauftragten, Zensur der bürgerlichen Presse, Regierung Hoffmann verlegt ihren Sitz nach Bamberg. 8.4.: Toller übernimmt den Vorsitz im Revolutionären Zentralrat. 10.4.: Einsetzung von Revolutionstribunalen, Beginn der Werbung für die Rote Armee, Sozialisierung der Presse. 13.4.: Putschversuch der republikanischen Schutztruppe, Mühsam wird verhaftet, Bildung der Zweiten Räterepublik, Wahl eines Vollzugsrates unter dem Vorsitz von Leviné (KPD). 14.4.: Generalstreik, Bewaffnung der Arbeiter, Erscheinungsverbot für Zeitungen, die Regierung Hoffmann bittet um die Unterstützung der Reichswehr und fordert zur Bildung einer Volkswehr auf. 16.4.: Rote Armee kämpft bei Dachau erfolgreich gegen Regierungstruppen, Toller und Gustav Klingelhöfer sind Abschnittskommandanten, Rudolf Egelhofer übernimmt das Oberkommando der Roten Armee. 22.4.: Truppenschau der Roten Armee. 25.4.: Verhängung des Standrechts durch die Regierung Hoffmann. 26.4.: Rücktritt Tollers und Klingelhöfers, Verhaftung von Mitgliedern der Thule-Gesellschaft. 27.4.: Rücktritt des Aktionsausschusses unter Leviné, ergebnislose Verhandlungsversuche Tollers mit der Regierung Hoffmann. 29.4.: Sturm auf Polizeipräsidium. 30.4.: Im Luitpold-Gymnasium werden von Rotarmisten verhaftete Regierungssoldaten und weitere Geiseln (meist aus dem Umfeld der Thule-Gesellschaft) hingerichtet. 1.5.: Betriebs- und Soldatenräte und Egelhofer fordern zur Niederlegung der Waffen auf, München ist von Regierungssoldaten umschlossen, Vormarsch der Regierungstruppen in die Innenstadt. 2.5.: Besetzung der Stadt durch Reichswehr und Freikorpsverbände, bei Kämpfen und Übergriffen von Regierungssoldaten gibt es über 600 Tote, Ermordung Landauers. 3.5.: Ermordung Egelhofers. 4.5.: Verfolgung kommunistischer und räterepublikanischer Organisationen. 6.5.: Regierungssoldaten ermorden katholische Gesellen, die sie für Spartakisten halten. 12.5.: Beginn der Einschreibung für die Münchner Einwohnerwehr 13.5.: Verhaftung Levinés. 17.5.: Beginn der Standgerichtsprozesse. 3.6.: Leviné wird vom Standgericht wegen Hochverrats zum Tode verurteilt. 4.6.: Toller wird in seinem Versteck entdeckt und verhaftet. 12.7.: Mühsam wird zu 15 Jahren Festungshaft verurteilt. 16.7.: Toller wird zu 5 Jahren Festungshaft verurteilt.

1924 Juli: Toller hat seine Haft abgesessen und wird aus Bayern ausgewiesen. Dezember: Mühsam wird im Zuge einer allgemeinen Amnestie entlassen und geht nach Berlin.

1933 27./28.2.: Mühsam wird in der Nacht des Reichstagsbrandes 1933 von den Nationalsozialisten verhaftet und über ein Jahr in Gefängnissen und Konzentrationslagern misshandelt. 25.8.: Ernst Toller wird von den Nationalsozialisten aus Deutschland ausgebürgert.

1934 10. 7: Mühsam wird im KZ Oranienburg von bayerischen SS-Männern erschlagen.

1939 22.5.: Toller nimmt sich im amerikanischen Exil das Leben.

5 ANHANG

BILDNACHWEIS

S. 6: Stadtarchiv München, DE-1992-FS-REV-040 **S. 9 l.:** Münchner Stadtbibliothek / Monacensia **S. 9 r.:** Schweizerisches Literaturarchiv Bern, Nachlass Ball-Hennings **S. 10 l.:** bpk/Staatsbibliothek zu Berlin **S. 10 r.:** Münchner Stadtbibliothek / Monacensia, Album 12 **S. 11:** Universitätsbibliothek der LMU München, Nachlass Carl Georg von Maassen 7.4 **S. 13:** Stadtarchiv München, DE-1992-FS-ERG-D-0016 **S. 14:** Wikimedia Commons **S. 15:** Bayerische Staatsbibliothek München **S. 16 o.:** Stadtarchiv München, DE-1992-FS-PK-STB-13242 **S. 16 u.:** Münchner Stadtbibliothek / Monacensia, LT B 189 Nachl. Ludwig Thoma/Briefe **S. 17:** Bayerische Staatsbibliothek München, Bildarchiv, hoff-2286 **S. 18:** Stadtarchiv München, Pk-Erg-09-0137 **S. 19:** Münchner Stadtbibliothek / Monacensia – Flugblattslg. **S. 20:** Stadtarchiv München, FS-ALB-092-05 **S. 21:** Münchner Stadtbibliothek / Monacensia – Flugblattslg. **S. 22:** Landesarchiv Berlin **S. 23:** Bundesarchiv Berlin, BildY 10-280-203-91 **S. 24:** Bundesarchiv Berlin, NY 4060/51 **S. 27:** Bundesarchiv Berlin, NY/4060/1 **S. 28:** Bundesarchiv Berlin, NY 4060/144 **S. 29:** Privat **S. 32:** Münchner Stadtbibliothek / Monacensia – Flugblattslg. **S. 34:** Münchner Stadtbibliothek / Monacensia – Flugblattslg. **S. 35 o. und u.:** Münchner Stadtbibliothek / Monacensia – Flugblattslg. **S. 36:** Münchner Stadtbibliothek / Monacensia – Flugblattslg. **S. 37:** Bayerische Staatsbibliothek München, Bildarchiv, hoff-5156 **S. 38:** Münchner Stadtbibliothek / Monacensia – Flugblattslg. **S. 39:** Bayerische Staatsbibliothek München, Bildarchiv, hoff-2606 **S. 40:** International Institute of Social History, Amsterdam **S. 42:** International Institute of Social History, Amsterdam **S. 43:** Privat **S. 44:** Privat **S. 45:** Bayerische Staatsbibliothek München **S. 46:** International Institute of Social History, Amsterdam **S. 47 o. und u.:** International Institute of Social History, Amsterdam **S. 49:** International Institute of Social History, Amsterdam **S. 50:** Bayerische Staatsbibliothek München, Bildarchiv **S. 51:** Gorki Institut für Weltliteratur, Moskau, Handschriftenabteilung, Bestand 4, Bestandsliste 2, Aufbewahrungseinheit 329 **S. 52:** Stadtarchiv München, DE-1992-FS-REV-028 **S. 54:** Münchner Stadtbibliothek / Monacensia – Flugblattslg. **S. 55:** Deutsches Literaturarchiv Marbach **S. 57:** Münchner Stadtbibliothek / Monacensia, MH B 190, Nachl. Max Halbe/Briefe **S. 58:** Münchner Stadtbibliothek / Monacensia, Mühsam, Erich A III/1, Manuskripte **S. 59:** Münchner Stadtbibliothek / Monacensia, Pa1308 **S. 61:** Münchner Stadtbibliothek / Monacensia, ArK D 32/1 **S. 62:** Bayerische Staatsbibliothek München **S. 63 l.:** Akademie der Künste Berlin, Erich-Mühsam-Sammlung, Nr. 35 **S. 63 r.:** Privat **S. 65:** Münchner Stadtbibliothek / Monacensia, Album 12 **S. 67:** Universitätsbibliothek der LMU München, Nachlass Carl Georg von Maassen, 2.31,60 **S. 69 o.:** Bayerisches Hauptstaatsarchiv, Kriegsarchiv, Archivakten 206 **S. 69 u.:** Gorki Institut für Weltliteratur, Moskau, Handschriftenabteilung, Bestand 4, Bestandsliste 1, Aufbewahrungseinheit 59 **S. 70:** Münchner Stadtbibliothek / Monacensia – Flugblattslg. **S. 71:** Bayerische Staatsbibliothek München **S. 72:** Bayerisches Hauptstaatsarchiv, Kriegsarchiv, Archivakten 206 **S. 73:** Bayerisches Hauptstaatsarchiv, Flugblattslg. 505 **S. 74:** Stadtarchiv München, DE-1992-FS-REV-013 **S. 75:** Staatsarchiv München **S. 76 l.:** Münchner Stadtbibliothek / Monacensia – Flugblattslg. **S. 76 r.:** privat **S. 78:** Münchner Stadtbibliothek / Monacensia, P/b 196 **S. 79:** Ernst-Toller-Gesellschaft, Sammlung John Spalek **S. 81 l.:** Bundesarchiv Berlin, NS26-1230a **S. 81 r.:** Münchner Stadtbibliothek / Monacensia, ArK D 32/1 **S. 82:** International Institute of Social History, Amsterdam **S. 83:** International Institute of Social History, Amsterdam **S. 84:** Deutsches Literaturarchiv Marbach, VG Bild-Kunst **S. 85 o.:** Münchner Stadtbibliothek / Monacensia – Flugblattslg. **S. 85 u.:** Stadtarchiv München **S. 86:** Münchner Stadtbibliothek / Monacensia, Toller, Ernst A III/1 **S. 87 l. und r.:** Münchner Stadtbibliothek / Monacensia – Flugblattslg. **S. 89:** Münchner Stadtbibliothek / Monacensia – Flugblattslg. **S. 90:** Münchner Stadtbibliothek / Monacensia – Flugblattslg. **S. 91:** Münchner Stadtbibliothek / Monacensia – Flugblattslg. **S. 92:** Münchner Stadtbibliothek / Monacensia – Flugblattslg. **S. 93:** Münchner Stadtbibliothek / Monacensia – Flugblattslg. **S. 94:** Bayerische Staatsbibliothek München, Bildarchiv, hoff-5237 **S. 95 o.:** Bayerische Staatsbibliothek München, Bildarchiv, hoff-5252 **S. 95 u.:** International Institute of Social History, Amsterdam **S. 96 o.:** Bayerische Staatsbibliothek München, Bildarchiv, port-010888 **S. 96 u.:** Akademie der Künste Berlin, Erich-Mühsam-Sammlung, Nr. 34 **S. 97 o.:** Bayerisches Hauptstaatsarchiv, MA 99926 **S. 97 u.:** Bayerisches Hauptstaatsarchiv, Kriegsarchiv, Archivakten 206 **S. 98:** Münchner Stadtbibliothek / Monacensia – Flugblattslg. **S. 99:** Münchner Stadtbibliothek / Monacensia – Flugblattslg. **S. 101:** Münchner Stadtbibliothek / Monacensia – Flugblattslg. **S. 102:** Münchner Stadtbibliothek / Monacensia – Bibliothek **S. 103:** Münchner Stadtbibliothek / Monacensia Bibliothek **S. 106:** Münchner Stadtbibliothek / Monacensia, L 2396 **S. 107 o.:** JVA Niederschönenfeld **S. 107 u.:** Münchner Stadtbibliothek / Monacensia, MH B 190, Nachl. Max Halbe/Briefe **S. 108 l.:** Akademie der Künste Berlin, Erich-Mühsam-Sammlung, Nr. 34 **S. 108 r.:** Deutsches Literaturarchiv Marbach **S. 109:** JVA Niederschönenfeld **S. 110:** Münchner Stadtbibliothek / Monacensia, FRM B 110 – Nachl. Reck-Malleczewen/Briefe **S. 111:** Akademie der Künste Berlin, Erich-Mühsam-Sammlung, Nr. 8 **S. 113:** Gorki Institut für Weltliteratur, Moskau, Handschriftenabteilung, Bestand 4, Bestandsliste 1, Aufbewahrungseinheit 89.7 **S. 114:** Deutsches Literaturarchiv Marbach **S. 116:** Privat **S. 117:** JVA Niederschönenfeld

ZITATNACHWEIS

S. 4:	Gustav Landauer: Ein Weg deutschen Geistes. In: Dichter, Ketzer, Außenseiter: Essays und Reden zu Literatur, Philosophie, Judentum. Bd. 3 der Werkausgabe. Hrsg. v. Gert Mattenklott und Hanna Delf von Wolzogen. Berlin 1997, S. 27.
S. 8:	Mühsams Tagebuch, 23.1.1912. Sämtliche Zitate aus den Tagebüchern Mühsams folgen der Online-Edition. Hrsg. v. Chris Hirte und Conrad Piens: http://www.muehsam-tagebuch.de (zuletzt abgerufen am 31.7.2018).
S. 9:	Emmy Ball-Hennings 1885–1948. Ich bin so vielfach ... Hrsg. v. Bernhard Echte und Katharina Aemmer. Frankfurt 1999.
S. 19:	Oskar Maria Graf: Theresienwiese November 1918. Eine Erinnerung an Felix Fechenbach. In: Süddeutsche Zeitung 9.11.1968.
S. 20 oben:	Sarah Sonja Lerch an Mala Rudolph, Januar 1918, zit. nach: Der kurze Traum vom Frieden. Ein Beitrag zur Vorgeschichte des Umsturzes in München 1918 mit einem Exkurs über die Gießener Jahre von Sarah Rabinowitz von Cornelia Naumann. Lich 2018, S. 151.
S. 20 unten:	Eisners Gefängnistagebuch, 4.2.1918. In: Kurt Eisner. Gefängnistagebuch. Hrsg. v. Frank Jacob, Cornelia Baddack, Sophia Ebert und Doreen Pöschl. Berlin 2016, S. 21.
S. 21:	In: Ernst Toller. Autobiographisches und Justizkritik. Sämtliche Werke, Bd. 3. Hrsg. v. Stefan Neuhaus und Rolf Selbmann unter Mitarbeit von Martin Gerstenbräun, Michael Pilz, Gerhard Scholz und Irene Zanol. Göttingen 2015, S. 164.
S. 23 oben:	Eisners Vortrag in Basel am 10.2.1919. In: Die halbe Macht den Räten. Hrsg. v. Renate und Gerhard Schmolze. Köln 1969, S. 288.
S. 23 unten:	Zit. nach: Freya Eisner: Kurt Eisner als Literat. In Literatur in Bayern. Nr. 29, 1992, S.40.
S. 33:	Eisners Rede im Provisorischen Nationalrat vom 17.12.1918. Verhandlungen des provisorischen Nationalrates / Stenografische Berichte Nr. 4, S. 63.
S. 37:	Eisners Wahlrede vor den Unabhängigen, Dez. 1918. In: Die Münchner Räterepublik. Zeugnisse und Kommentar. Hrsg. v. Tankred Dorst. Frankfurt am Main 1966, S. 41.
S. 42:	Landauer an Emanuel von Bodman, 18.10.1912. In: Gustav Landauer. Sein Lebensgang in Briefen. 1. Band. Hrsg. v. Martin Buber. Frankfurt am Main 1929, S. 424.
S. 44:	Gustav Landauer: Der europäische Krieg. In: Gustav Landauer: Nation, Krieg und Revolution. Ausgewählte Schriften. Bd. 4. Lich 2011, S. 179–181.
S. 55:	Ret Marut: Der Ziegelbrenner, Heft 26/34, 30. April 1920.
S. 56 oben:	Landauer an die Herren Referenten und Mithilfsarbeiter um bisherigen Ministerium, 12.4.1919. In: Sein Lebensgang in Briefen. 2. Bd., 1929, S. 415.
S. 56 unten:	Martin Buber: Landauer und die Revolution. In: Masken. Heft 18/19, 1919, S. 290–291.
S. 59 oben:	Erich Mühsam: Selbstbiographie. In: Erich Mühsam. Gedichte, Prosa, Stücke. Ausgewählte Werke Band 1. Hrsg. v. Christlieb Hirte. Berlin 1978, S. 165–169.
S. 59 unten:	Mühsam über das Programm der Neuen Gemeinschaft. In: Akademie der Künste, Berlin, Erich-Mühsam-Sammlung Nr. 16.
S. 60:	Erich Mühsam: Gesang der jungen Anarchisten. In: Erich Mühsam. Gedichte, Prosa, Stücke. Ausgewählte Werke, Bd. 1. Hrsg. v. Christlieb Hirte. Berlin 1978, S. 121.
S. 61:	Erich Mühsam: Im Bruch. In: Erich Mühsam. Gedichte, Prosa, Stücke. Ausgewählte Werke, Bd. 1. Hrsg. v. Christlieb Hirte. Berlin 1978, S. 13.
S. 62:	Erich Mühsam: Revolution. In: Revolution. Nummer 1. Oktober 1913. S. 2.
S. 65:	Erich Mühsam: Abrechnung. In: Erich Mühsam. Streitschriften. Literarischer Nachlass, 1984, S. 60.
S. 66:	Erich Mühsam: Selbstbiographie. In: Erich Mühsam. Gedichte, Prosa, Stücke. Ausgewählte Werke, Bd. 1. Hrsg. v. Christlieb Hirte. Berlin 1978, S. 165–169.
S. 67:	Mühsams Tagebuch, 29.5.1916.
S. 68 oben:	Erich Mühsam: Selbstbiographie. In: Erich Mühsam. Gedichte, Prosa, Stücke. Ausgewählte Werke, Bd. 1. Hrsg. v. Christlieb Hirte. Berlin 1978, S. 165–169.
S. 68 unten:	Mühsam an Carl Georg von Maassen, 1.11.1918. In: Erich Mühsam. In meiner Posaune muß ein Sandkorn sein. Briefe 1900–1934. Bd. 1. Hrsg. v. Gerd W. Jungblut. Vaduz 1984, S. 303.
S. 72 oben:	Mühsam an Martin Andersen Nexö, 27.10.1919. In: Erich Mühsam. In meiner Posaune muß ein Sandkorn sein. Briefe 1900–1934. Bd. 1. Hrsg. v. Gerd W. Jungblut. Vaduz 1984, S. 364–366.
S. 72 unten:	Mühsam u. a.: Flugblatt der Vereinigung revolutionärer Internationalisten Bayerns. Bayerisches Hauptstaatsarchiv, FLSlg 505.

5 ANHANG

S. 73:	Mühsam an Leo Landau und Geschwister, 31.12.1918. In: Erich Mühsam. In meiner Posaune muß ein Sandkorn sein. Briefe 1900–1934. Bd. 1. Hrsg. v. Gerd W. Jungblut. Vaduz 1984, S. 311.
S. 74:	Mühsam an Fritz Brupbacher, 30.1.1919. In: Erich Mühsam. In meiner Posaune muß ein Sandkorn sein. Briefe 1900–1934. Bd. 1. Hrsg. v. Gerd W. Jungblut. Vaduz 1984, S. 314.
S. 77:	Mühsams Tagebuch, 9.6.1919.
S. 82:	Toller an Landauer, 20.12.1917. Brief Nr. 14. In: Ernst Toller. Briefe 1915–1939. Digitale Ausgabe, 2017 (zuletzt abgerufen 22.7.2018).
S. 83:	Ernst Toller: Die Wandlung. In: Sämtliche Werke, Bd. 1, 2015, S. 3.
S. 86:	Klaus Mann: Ernst Toller. Typoskript im Nachlass. Münchner Stadtbibliothek/Monacensia KM M 284, Monacensia Digital: http://nbn-resolving.de/urn:nbn:de:0302-74440
S. 88:	Mühsams Tagebuch, 3.5.1919.
S. 94:	Erich Mühsam, Der revolutionäre Mensch Gustav Landauer, 1929. In: Gustav Landauer. Revolution. Hrsg. v. Harry Pross. Berlin 1974, S. 120–128.
S. 96:	Oskar Maria Graf: Wir sind Gefangene. Ein Bekenntnis aus diesem Jahrzehnt. Werkausgabe, Bd. 1, Hrsg. v. Wilfried Schoeller. München 1994, S. 450.
S. 103:	Mühsams Schlusswort vor dem Standgericht, Juli 1919. Zit. nach: Chris Hirte: Erich Mühsam. Eine Biographie. Freiburg 2009, S. 208.
S. 104:	Tollers Schlusswort vor dem Münchner Standgericht (16.7.1919). In: Sämtliche Werke, Bd. 4.1., 2015, S. 125–127.
S. 107:	Mühsams Tagebuch, 27.4.1919.
S. 117 oben:	Mühsams Tagebuch, 7.5.1919.
S. 117 unten:	Ernst Toller: Meine Biographie, 1935; In: Ernst Toller. Autobiographisches und Justizkritik. Sämtliche Werke, Bd. 3. Hrsg. v. Stefan Neuhaus und Rolf Selbmann unter Mitarbeit von Martin Gerstenbräun, Michael Pilz, Gerhard Scholz und Irene Zanol. Göttingen 2015, S. 471.

DANK

Ein besonderer Dank gilt dem Team der Monacensia; Jutta Fleckenstein; Prof. Dr. Waldemar Fromm; Prof. Dr. Christine Haug; Dr. Andreas Heusler; Conrad Piens; Dr. Sabine Schalm; Dr. Elisabeth Tworek; der Ernst-Toller-Gesellschaft, Sammlung John Spalek; dem Gorki Institut für Weltliteratur, Moskau/ Handschriftenabteilung; der JVA Niederschönenfeld; dem Münchner Stadtmuseum; dem Stadtarchiv München; der Universitätsbibliothek der LMU München